植民地時代から少女時代へ

反日と嫌韓を越えて

福屋利信

はじめに

２０１２年8月10日、韓国の李明博（イ・ミョンバク）大統領の竹島（独島）上陸というニュースが突如舞い込んできた。この衝撃的情報は、日本の韓流ブームとＫ‐ＰＯＰブームの背後で燻っていた日本人の嫌韓感情に火をつけた。同時に、韓国人の心底で燃えたぎる反日感情の炎にも油を注いでしまった。直後のロンドン・オリンピック・サッカー男子3位決定戦における日韓戦では、韓国の朴鍾佑（パク・ジョンウ）選手が試合後「独島は我が領土」と書いたボードを掲げて物議を醸した。日本では顰蹙を買ったその行為も、韓国では80％の国民がこれを支持したと言う。

日本人は、竹島問題について、大統領が上陸に至るまで無関心過ぎたゆえに、この問題でなぜ韓国全体があんなに熱くなるのかを理解できない。いきおい理性的というよりは生理的な嫌韓感情が芽生えてしまう。一方、韓国人は幼稚園のときから反日教育を詰め込まれるゆえに、いつも脳裏の片隅に反日の象徴としての独島がある。極端な歴史教育ゆえの反日感情と無関心に起因する嫌韓感情とがぶつかり合ったままいまがある。

現在、日韓の間に必要なのは、お互いの「自民族中心主義」（ethno-nationalism）を主観的に主張し合うことではなく、客観的な視点からの分析・検証、そしてそれを踏まえた同等な立場からの議論である。デモで日の丸や旭日旗を焼いたり、在日韓国・朝鮮人の国外追放をインターネット掲示板に書き込んだりすることが、日韓双方で愛国心の吐露だと勘違いされている。それは間違いである。この本のタイトル『植民地時代から少女時代へ～反日と嫌韓を越えて～』は、ぎくしゃくする日韓関係を「親日と好韓」に変換したいという筆者なりの愛国の念を反映させたつもりである。「植民地時代」の言語使用は日韓の悲しい歴史が刻まれた「近代」への、そして「少女時代」のそれは日韓が抱え込んだ悲しみを乗り越えて行くべき「現代」と「未来」へのメタファーである。

本書では、近代以降の日韓史の中に、その1コマ1コマを切り取った映画、テレビドラマ、歌、本などの内容を挿入してある。その方法論は、「歴史を知ることは、過去への総括作業というだけではなく、現在をしっかりと見つめ、未来への道標をも求める行為だ」とする自身の信条と、複雑な日韓の歴史をできるだけわかりやすく伝えたいとする想いに基づいている。

筆者の韓国への興味は、1980年代半ば、『ソウルの練習問題:異文化への透視ノート』という1冊の本に出会ったことに端を発する。そこには、イデオロギーや政治的視点から日韓関係を論じたそれまでの多くの本とは違って、ソウルに生きる市井の人々の日常が箇

潔な文体で描かれていた。著者である関川夏生は、まるでニューヨークやロンドンを語るような筆致で、ソウルの街と人を語ったのであった。韓国に対する予断をきっぱりと払拭した新しい感覚、自分の尺度で相手を量ることを極度に排斥したストイックな姿勢などに、とても好感を覚えた。加えて、彼が仄かに想いを寄せるソウル在住の女性柳順子（ユー・スンジャ）とのぎこちないが心温まる異文化交流も随所にちりばめられていて、微笑ましくもあった。最終章の「スンジャ、きみが好きだ」[1]という清々しい告白でその本は締め括られているのだが、日本の男性が韓国の女性に公然と恋心を宣言できる時代が到来したことに、軽いカルチャー・ショックを感じたものだ。彼らが出会ったソウル市内のバー、彼らが歩いた景福宮の銀杏並木、彼らが再会を約束して別れた鐘路のバス停、いまだ訪れたことはないけれど、なぜか鮮やかにそれらの風景をイメージできた。セキカワとスンジャとの「友達以上恋愛未満物語」は、同じ東アジア人として、グレゴリー・ペックとオードリー・ヘプバーンの映画『ローマの休日』よりはるかに身近でリアルだった。

このような日本における韓国への友好的眼差しは、1980年代前半から中頃にかけて、いわゆる「戦争を知らない子どもたち世代」（すなわち団塊世代）を中心に芽生え、そしてそれは、1988年のソウル・オリンピックを前に一気に開花した。これを本書では「第一次韓国ブーム」と呼ぶ。それまで常に上から目線で対峙してきた韓国文化に対して、同じ目線で受け止めようとする気運が、日本にも生じていた。その象徴が韓国の大衆文化、特に野球、映画、歌謡曲の受容であった。

この友好ムードの追い風を受けて、幾度となくソウル、釜山をはじめとする韓国の諸都市を訪れた。その頃の韓国と日本の経済力は、まだまだ圧倒的な優位を日本が保っていた。それゆえに、韓国人は日本人に対して一種の憧れと憎悪を内在させていたと思う。当時、韓国を訪れた日本人は、何らかのかたちで、韓国人の日本人への「愛憎二反」(ambivalence)における憎悪の標的にされた経験を有するのではなかろうか。

筆者が釜山で市バスに乗っていたとき、中年の韓国人男性がつかつかと近づいてきて、窓の外を指差しながら何やらしきりに罵り、次のバス停で足早に降りて行った。隣に座っていた日本語のできる初老の韓国人紳士（当時の韓国の年配者は植民地時代に教育を受けた日本語を話した）が、「あのあたりは、豊臣秀吉が侵略してきて焼き払ったところだ、と叫んでいたんだよ」と教えてくれた。韓国人的感情である「恨」（ハン）の底知れぬ深さを、はからずも海雲台行きのバス内で身をもって体験することとあいなった。

下関と釜山をフェリーで往復し、日韓の経済格差を逆手にとって商売するかつぎ屋（ポッタリ・チャンサ）のおばさん（アジュマ）たちには、片道のフェリー料金をうかせる術をご教授いただいたりもした。まず下関でバナナを6キロ買う（2000円弱）。翌朝9時頃、そのバナナを釜山の国際市場辺りに持ち込めば1万円（当時台湾と国交のなかった韓国ではバナナが高級品であった）を手にすることができた。その差額で、帰りのフェリーチケットを買って、おまけに釜山港を眺めながら刺身定食を腹いっぱいに詰め込んでマッコリを五臓六腑に染み込ませることができた。1980年代とは、そんな時代であった。日韓の経済格差が急速に縮まった昨今では、アジュマたちのプリミティブな貿易活動は、大幅な縮小、あるいは停止を余儀なくされてしまったかも知れない。

時は流れて2013年、日本の韓流ブームの聖地となって久しい東京・新大久保のコリアン・タウンの賑わいの中を彷徨っている。驚いたことに、前年の夏、韓国大統領が日本海（東海）で起こした激震は、そこには余震すら及ばなかったかのような賑わいだ。肩と肩が触れ合う程の混雑ぶりは相変わらずである。しかし、ここに集う層は、日韓の歴史を知らないゆえに無邪気にはしゃいでいる層を内包している。彼らは、知らないことによる幸せと不幸を併せ持っていよう。それでも、この新たなる層こそ、日韓の文化交流の明日を担うポテンシャルを秘めているとも言える。少なくとも、彼ら新世代は、団塊の世代以上の人間の脳裏に刷り込まれた韓国及び韓国人に対する偏見を微塵も感じさせない。その爽快さは、社会的に、あるいは教育的に刷り込まれた差別意識と格闘し、それを払拭するのに約半世紀を費やしてきた旧世代には眩しいくらいである。この21世紀初頭からの日本における大らかな韓国文化受容を、本書では「第二次韓国ブーム」と呼ぶことにする。

この「第二次韓国ブーム」に至る過程において、２００２年のＦＩＦＡワールドカップ日韓共同開催は、両国民相互の反感を大きく改善し、新世紀の日韓友好のさきがけとなった。その一大スポーツイベントの後、日本の韓流ブームは、テレビドラマ『冬のソナタ』（２００４年：ＮＨＫ総合）によって火がつき、同じテレビドラマ『アイリス』（２０１０年：ＴＢＳ）が触媒となり、映画『アジョシ』（２０１０年）で一気に燃え上がった。主役男優の元斌（ウォンビン）は、ときに見せる孤独の表情で日本の肉食系女子たちの母性本能をく

すぐり、その完璧な肉体美で草食系男子たちを絶望の淵に追い込んだ。加えて、ＢｏＡと東方神起によってレールが敷かれ、少女時代、ＫＡＲＡ、ＢＩＧＢＡＮＧ、２ＰＭなどが先頭を走る日本のＫ‐ＰＯＰ人気は、２０１１年にひとつのピークを迎えた。

そんな韓国大衆文化の現状を知りたくて、ソウル・フィールドワークを再開したのは４年前であり、大統領竹島上陸直後にも足を運んでみた。かなりのアウェー感を覚悟して出かけたが、その年の３月にはなかった「明洞へようこそ」という日本語の横断幕がソウル一の繁華街のあらゆる通りに掲げられていた！　日本人観光客を減少させたくない逞しい商魂は、政治情勢を凌駕していたのだ。また、旅行業界最大手のＪＴＢの発表によると、２０１２年から２０１３年にかけての年末年始、日本人が予約した海外旅行先は、ソウルが３年連続１位で、前年同期比では14％の伸びであったと言う。

日々変貌するソウルの中でも、１９８０年代と比べて一番変わったのは江南（カンナム）地区であろう。かつては味気ないビジネス街という印象が強かったが、そこにソウルのファッションリーダーたちが集う街路樹通り（カロスキル）やセレブの心を引きつける高級感が売りの清潭洞（チョンダムドン）、狎鴎亭洞（アックジョンドン）などのエリアが形成された。また、この地域は「ビューティベルト」とも呼ばれ、美容整形外科医院が林立している。Ｋ‐ＰＯＰ及び韓流ブームを仕掛ける芸能事務所も、この周辺に集中しているらしい。

そんなトレンディー度を急速に増したエリアに対する憧れとアイロニカルな視線が交錯する複雑な心理を表現した曲が、２０１２年の夏に韓国で大ヒットしたＰＳＹの「江南スタイル」である。アメリカでも大人気を博し、ＹｏｕＴｕｂｅに公開されたミュージックビデオは、その年の秋には再生数が７億回を超えたと言う。また、アメリカを代表するヒットチャートであるビルボードで７週連続２位と堂々たる実績も残している。

「筋肉より脳ミソが隆々な男」[2]になって、江南を闊歩するセクシー・レディをものにしてやると綴られるこの歌は、マッチョなチョコレートパック・ボディばかりがもてはやされる最近の韓国の風潮に対する強烈なアンチテーゼである。ＰＳＹ自身も、チョコレートパック・ボディというよりはボンレスハム・ボディと表現したほうがよさそうな体形で、イケメンには程遠い。それでも、マッチョにはないインテリジェンスでいまどきの娘（アガシ）に勝負を挑む構図が、「江南スタイル」のコンセプトである。ちなみに、ＰＳＹは、ボストン大学で国際事業学を学び、バークレイ音楽大学に在籍した経験を持つ脳ミソ派で、

実家はかなりの金持ちと言う。世界中で「江南スタイル」のパロディーが生まれる程のブームの中、ついにアメリカ航空宇宙局(NASA)までが〝NASA Johnson Style〟なる動画を制作した。加えて、朴槿恵(パク・クネ)新大統領就任式典でもパフォーマンスするなど、PSYはアーティストブランドも高めてきている。

地域学的に一番変わったのは江南だが文化人類学的に何が一番変わったかと問われれば(大袈裟な物言いだとは自覚する)、ソウル市民の洗練・成熟を挙げたい。例えば、ソウル市内のあらゆるバス停で、人々が一列に並んでバスを待っている! かつてソウルの街歩きに必要不可欠であった、サッカーならワールドクラスに匹敵する行き先のバスめがけてのダッシュとショルダー・チャージは、もはや無用の長物となった。さらに、ソウルの街を歩いていて、いきなりむき出しの反日感情を突きつけられるなんてこともなくなった。李明博ショック後でさえ、ソウル市民の日本人への対応は、極めて冷静であった。新村(シンチョン)の居酒屋で、筆者が酔いにまかせて日本語で声高に一席ぶっても、周囲の人々は聞き流してくれた。このように、一見平静を保っているかに見える韓国人の感情は、心底ではどんな様相を呈しているのだろうか。それを探るため、かつて関川氏から出題された「ソウルの練習問題」を復習しつつ、今度は自らが「ソウルの応用問題」に取り組んでみようと思うのだ。

目次

第2章：ワールドカップから日韓新時代へ

第3章：2013年のソウルと北の脅威

第4章：日本のK-POP受容

第1章

朝鮮戦争からソウル・オリンピックへ

1. 南北分断から朝鮮戦争へ

太平洋戦争における日本の敗戦（1945年）は、朝鮮半島にとって植民地支配からの解放であり、日本の終戦記念日（8月15日）は韓国では光復節（クァンボクチョル）と呼ばれる解放記念日である。しかし、その日から一ヶ月後には、米軍が仁川（インチョン）に上陸し軍政施行を布告した。一方北では、日本軍は完全にソ連軍によって排除された。つまり、やっと36年間の日本支配から解放されたのも束の間、朝鮮半島は、米ソの微妙な軍事バランスのもとで再び他国の支配下に置かれてしまったのである。そして、1948年、アメリカの後ろ盾で大韓民国（韓国）が、ソ連の後ろ盾で朝鮮民主主義人民共和国（北朝鮮）が樹立された。

その後、成立したばかりの韓国と北朝鮮との間で、半島の主権を巡り、1950年に勃発した国際紛争が朝鮮戦争（ユギオ）であり、約3年間続いた後休戦に及んだ。しかし現在は、北朝鮮が一方的に発した「休戦白紙宣言」によって、38度線（板門店）付近は、世界で最も緊張度の高い軍事境界線の一つとなっている。

『ブラザーフッド』、『戦火の中へ』

朝鮮戦争とは何であったかを、非常に分り易く描いた映画が存在する。姜帝圭（カン・ジェギュ）監督の２００４年作品『ブラザーフッド』である。朝鮮戦争に出兵した兄弟役に張東健（チャン・ドンゴン）と元斌（ウォンビン）という当代の人気男優を配し、なおかつハリウッド映画並みのエンターテイメント性を全面に打ち出している。しかし、帝国主義のエゴにより同一民族が骨肉の争いを強いられた理不尽さと、戦地での戦士たちの心の揺れは、しっかりと表現されていて、単なる娯楽作品のレベルは楽に越えている。さらに、この映画には、戦線が半島の北と南の間を絶えず移動し続けたことにより、４００万人以上の犠牲者が出たという惨状が、目を背けたくなる程の写実主義で描かれている。隣国であり、アメリカ、ソ連とともにこの戦争に対する責任の一端を有する日本でこそ観られて欲しい映画である。シリアスなテーマに娯楽性をトッピングした映画が否定されるべきではないし、その果たす役割は大きい。

また、映画『戦火の中へ』では、朝鮮戦争が長期化する中で、戦闘経験のまったくない学徒兵さえ戦線へ赴かざるを得なくなった悲劇が、若き兵士たちの視点から描かれている。ちなみに、この映画は、韓国軍に学徒動員された少年が、母に対して送った手紙をもとにして製作されたと言う。主役のT・O・Pの演技力は特筆ものである。

朝鮮戦争が日本経済に与えた影響としては、朝鮮戦争特需が挙げられる。日本国内の基地を出撃及び後方支援基地としていたアメリカ軍が、武器の修理や弾薬の補給・製造などを日本に依頼したことから、日本の工業生産が急速に伸び、戦後の経済復興に弾みがついた。日本経済が焼け跡から這い上がって行く過程で、朝鮮戦争特需は、大きな追い風となったのである。

2. 竹島（独島）問題から日韓基本条約へ

日本軍敗戦後の1946年に連合国軍総司令部（GHQ）から出された訓令では、竹島は日本から除外され、日本列島と朝鮮半島との間に引かれたマッカーサー・ラインでも、朝鮮側に含められていた。しかし、朝鮮戦争中、竹島は日本領に復帰し、サンフランシスコ講和条約でも竹島は韓国領から除外された。それでも韓国側は、独島は鬱陵島（ウルルンド）に附属する小岩礁に過ぎないので、条約には記す必要がなかったと主張し、サンフランシスコ講和条約が批准されるまでの間隙をついて、一方的な宣言を行なう。それが1952年の李承晩（イ・スンマン）大統領による海洋主権宣言であり、その宣言に基づく漁船立入禁止線（いわゆる李承晩ライン）が設置され、韓国は竹島周辺海域の水産資源を得ることになる。その後、李承晩大統領と吉田茂首相との間で交渉の場が持たれたが、会談には険悪な雰囲気が漂ったとされる。

交渉が進展しはじめたのは、国家再建最高会議議長時代の朴正熙（パク・チョンヒ）が１９６１年に訪日し、池田勇人首相と会談して以降のことであった。そして、歴史認識問題や竹島の帰属問題は、「解決せざるをもって、解決したとみなす」で知られる丁・河野密約により棚上げとなり、ついに１９６５年の日韓基本条約の締結に至る。この条約の調印により、李承晩ラインは両国間で正式に廃止される。その際、「竹島問題は紛争処理事項である」と記されたが、その後韓国は、軍事政権が日本と締結した条約は、当時の民意を反映しておらず、無効であると主張している。

韓国には、鄭光泰（チョン・グァンテ）が歌う「独島はわが領土」という歌がある。少女時代もこの曲をステージで歌ったことがあり、ＹｏｕＴｕｂｅにも動画がアップされていた時期がある。しかし、日本デビューを前に、日本人の感情を考慮して消去されてい

る。また、『アイリス』でヒロイン役を演じた金泰熙（キム・テヒ）は、竹島を韓国の領土とアピールする「独島愛キャンペーン」を展開した。彼女の周辺には、竹島問題は敏感な問題であるだけに辞めさせようとした関係者もいたらしい。それでも彼女は、「ファンたちの愛を受ける芸能人として報いることができる道は、演技だけではなく、ファンが期待することに参加するのも重要だと思う」[1]と発言し、自分なりの信念を貫いた。

　これに対して、２０１１年11月、日本の参議院総務委員会において、片山さつき参議院議員が、「独島キャンペーンをやっている女優は一人だけである。その女優が日本の民放のドラマに主役として出演している」[2]と、一民放テレビ局のキャスティングに対して疑義を表明した。金泰熙側にも問題はあったとしても、大衆文化に対する私見を国会議員が公式の場で取り上げるのは、少し大人げない気がする。

　金泰熙は、日本の世論からも激しい攻撃を受けた。爽健美茶のＣＭに彼女を起用した日本コカ・コーラには苦情が殺到し、コカ・コーラは竹島を韓国領土と認めたのかといった抗議声明を発火点にして、大規模な不買運動が発生した。その結果、約1ヶ月後、トリノ五輪で金メダルを取った荒川静香起用のCMに差し替えられ、金泰熙のCMは、事実上の打ち切りとなった。また、2011年、彼女が主演する日曜ドラマ『僕とスターの99日』（フジテレビ：片山議員指摘のドラマ）の単独スポンサーとなった花王に対して、嫌韓派の抗議が相次いだこともあった。さらに、2012年2月には、ロート製薬が自社製品の「雪ごこち」のCMに彼女を起用することが伝えられると、ネット上でロート製薬への批判が集中し、彼女が来日して行う予定だったCM発表記者会見が中止されてしまった。

金泰熙は、韓国における領土教育を受けてきている。その教育は、竹島実効支配を既成事実化しようとする政策の一環である。韓国では、「独島は日本のものだ」と主張する者に対する誹謗中傷は、「脅迫」ではなく「叱責」であるとして合法行為とされている。韓国人にとって竹島問題は、領土問題を越えて民族の自尊心の問題なのである。それゆえ、この問題に対しては理論的というより感情的になりがちであり、KARAが竹島問題に対してハッキリとした意見を述べなかったときなど、韓国国内で一斉にバッシングが起こったりもした。それ程までに、韓国においては、竹島問題に対する関心が高い。

それに比べて日本人は、竹島について、これまであまりに無関心であり続けてきた。ある日本の人気グループが釜山で公演を行なった際、韓国人ファンの一人が躊躇いがちに竹島問題について尋ねたら、メンバーの一人が「竹島？　だれその人？」と答えて、会場を唖然とさせたと言う。このグループの意識が特別低いのではなくて、日本では、竹島が日常会話に入り込んでくることは、大統領上陸以前、老若男女を問わず極めて稀であった（上陸以後はときに話題に上る）。

こうした日頃からの議論の欠落ゆえに、降って沸いた竹島論争でも、日本人の間からはヒステリックな感情論しか出てこない（勢い日韓の世論は、感情と感情のぶつかり合いの様相を呈する）。竹島の領有権を日本が主張し続けるには、きちんとした論拠の構築が急務だし、それを日本人全体が共有するための啓蒙活動が必要である。日本もそろそろしっかりとした歴史教育をすべきなのだ。その際、太平洋戦争以前のような帝国主義的価値観に遡った教育だけは、断じて繰り返してはならない。それなら、現状の無知主義を継続する方がまだましである。

客観的な検証作業を経た歴史教育がなされた上で、いまが旬の剛力彩芽、綾瀬はるか、武井咲あたりのうちの一人が、「竹島愛キャンペーン」を展開し、ＡＫＢ48が「竹島はわが領土」なるアンサーソングでも歌ったら、金泰煕と少女時代の強力コンビに対抗できるかも知れない。しかしそれは、日本では決して起こらない仮定法的願望でしかない。

3. 1960年代から1980年代にかけての韓国経済復興期

韓国に経済復興の光が射し始めたのは、１９６０年代以後である。大統領権限代行の朴《パク》正熙《チョンヒ》は、１９６２年、第一次経済開発５ヶ年計画を発表し、輸出志向工業化政策を打出した。現実的に見て、この政策以外に選択肢はなかったであろう。過剰な人口を抱えた貧しい農村地域から得られる所得は極めて低く、経済復興を国内市場に頼ることも不可能であった。加えて、国内工業の基盤も脆弱だったので、加工貿易型の産業構造にならざるを得なかった。先進国から輸入した素材や中間製品を、これまた先進国から輸入した機械設備によって組み立て加工し、最終製品を輸出する。強みは、豊富な労働力と安価な労働賃金だけであった。

先に触れた日韓基本条約交渉中、朴正熙大統領にとって、竹島は頭痛の種であった。問題解決のため、「島を爆破してしまいたかった」[3]との発言さえなされたと言う。つまり、植民地時代の賠償という名目での経済援助を日本から引

き出し、恒常的なインフレを打開したい朴政権にとって、竹島は、交渉の障害物でしかなかったのである。したがって、朴政権は、従軍慰安婦問題や竹島問題をはじめとする日韓の諸問題を棚上げにし、条約の締結を急いだ。その朴大統領のなりふり構わない交渉術によって成就した日韓基本条約において、日本は韓国が朝鮮半島で唯一の合法政府であることを確認し、国交を正常化し、その際、韓国に対して経済援助を約束した。日本は、独立祝賀金と途上国支援として無償3億ドル、有償2億ドル、民間借款3億ドルの供与及び融資を行った。ちなみに、この額は、当時の韓国の国家予算の約2年分に相当した。

日本からすれば、戦争責任をこれで果たしたという認識である。しかし、朴正熙政権は、その補償金のすべてを経済復興に充て、なおかつそれを国民に公にしなかった。「従軍慰安婦問題は、韓国の国内問題だ」とする日本側の主張の根拠はここにある。韓国の歴史教育において、この経緯はすり落ちている。それゆえに、知識層を除いて大半の韓国人がこの賠償の詳細を知らない。

こうして日本から獲得した8億ドル（現在の貨幣価値に換算すれば3兆円）は、加工貿易型産業構造を確立していくにあたって、強力な資金源となったのである。そして韓国は、「漢江の奇跡」と呼ばれた経済復興に突き進んで行った。その際、機械設備のほとんどは、輸送費が何処よりも安くかつ高性能な隣国日本から輸入された。これらの意味において、当時の韓国経済は、対日従属を構造化させていた。極論すれば、対日輸出入比率ゼロからの出発であった。この道は、第二次大戦後の日本も通過してきた道であった。違いは、日本の場合は、輸出入ともアメリカに依存していた点だ。

韓国は、加工貿易から得た利益を国内に投資し、１９７０年代を通して、加工貿易型から重化学工業型へとその産業構造をシフトして行った。１９７３年、韓国政府は、「重化学工業化宣言」を行い、鉄鋼、非鉄金属、石油、機械、造船、電子を６大戦略産業に指定している。この計画性と実行力ゆえに、「漢江の奇跡」は、実は決して「奇跡」などではなく「必然」であったと言えよう。その政策の中には、外貨獲得戦略として政権自らが打出した、なりふり構わない妓生観光政策さえ含まれていた。

次なる１９８０年代、韓国は、いくつかの問題点を内包させつつも、先進国に仲間入りしようと、加速度を増してひた走った。１９８５年の「プラザ合意」後の韓国は、ウォン安の恩恵を受けて輸出競争力を高め、１９８６年、１２.９％もの経済成長を達成して世界をアッと言わせたのである。そして、三星（サムスン）、現代（ヒュンデ）、大宇（テウ）などの財閥企業は、国際的地位を確立したグローバル企業に成長し、１９８８年にはソウル・オリンピック開催を控え、ＯＥＣＤへの加盟すら取り沙汰されるまでになっていた。

4. 民主化への道程

朴正熙《パク・チョンヒ》の敷いた強権政治路線は、一枚岩の北朝鮮の軍事的脅威と渡り合いつつ近代化を推進して行くためには、選択の余地のなかった綱渡り的戦略だったと思われる。しかし、その政治スタイルは、復興が軌道に乗った後は、その役目を終えていたであろう。それでも朴政権は、時代の流れに逆らうかのように民主化運動に対する高圧的姿勢を変えなかった。その結果、１９７９年、大統領暗殺事件という不幸な結末を迎えてしまう。あろうことか、腹心の韓国中央情報部（ＫＣＩＡ）部長の金載圭（キム・ジェギュ）によって酒席で射殺されたのであった。

この事件をドキュメンタリー・タッチで描いた映画が林常樹（イム・サンス）監督の『ユゴ：大統領有故』（２００５年）であり、そこには、「倭色歌謡」を規制した大統領本人が日本の演歌を好んで聴いていたという皮肉も描きこまれている。また、朴大統領御用達の理髪師という一市民の視点からこの事件を捉えたのが林賛相

（イム・チャンサン）監督の『大統領の理髪師』（２００４年）である。

　独裁者没後の政権空白期間、韓国内は、これまでの抑圧から解放されて、民主化への期待が大きく膨らんだ。実際に１９８０年になると、朴政権下で放校・解職の処分を下されていた学生や教授たちが復帰を許された。春学期以降、彼らは、ソウル市全域を巻き込んだ汎大学的街頭デモによって、学園民主化闘争と社会民主化闘争を展開して行った。

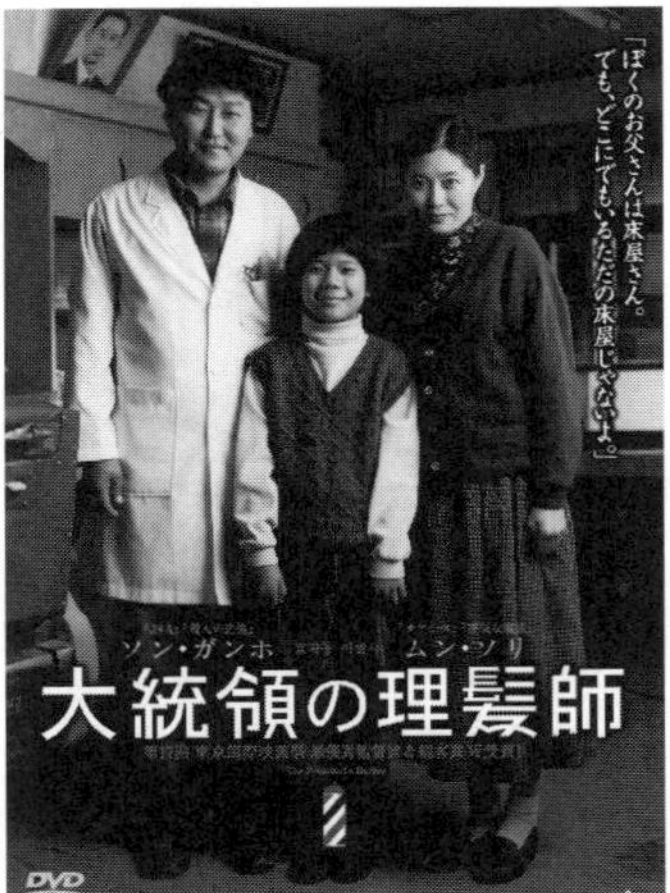

　この民主化に向けた自由な気運は、「ソウルの春」と呼ばれた。学生たちは、大統領直接選挙を可能にする憲法改正を民主化の大命題に掲げた。しかし、民主化は学生たちの期待した程のスピードでは進まず、それを糾弾する学生デモは激しさを増す一方であった。このような混乱の中、全羅南道道庁所在地の光州で、悲痛な民主化弾圧事件、いわゆる光州事件が起きてしまう。

朴正熙《パク・チョンヒ》政権下、全羅道への冷遇政策は、もともと存在した地域格差をさらに広げてしまっていた。当時全国に設置された事業体のうち約4分の3がソウル、釜山などの大都市周辺に集中し、全羅道への設置は5％未満であったらしい。政治学者の孫浩哲（ソン・ホチョル）は、これを「階級の地域化、地域の階級化」[4]と呼んだ。こうした全羅道の人々が受けてきた歴史的苦難と逆境に、繰り返される弾圧と不当な逮捕などの個人的政治体験がぴったりと重なった政治家が金大中（キム・デジュン）であった。ゆえに彼は、全羅道の英雄として、民衆の心の中に組み込まれたのである。

民主化の象徴であった金大中を輩出した全羅道の学生・市民運動は、光州の全南大学（全羅南道で最大規模の国立大学）を中心として先鋭化し、金大中釈放デモが過激な熱意とともに繰り広げられた。金大中の存在は、光州事件の帰着点ではなかったが発火点であったことは間違いない。

光州事件は、１９８０年5月18日から27日にかけて、民主化を求める活動家とそれを支持する学生や市民が韓国軍と武力衝突した事件であり、多くの死傷者を出した。デモ隊は、ＭＢＣ光州文化放送の社屋に放火し、バスやタクシーを倒してバリケートを築くなどし、軍隊との市街戦を展開した。さらに、市民は、亜細亜自動車や軍需関連工場及び武器庫を襲撃し、装甲車、銃器、ＴＮＴ爆薬などを奪取し、全羅南道庁を占拠した。想像以上の市民の抵抗に、軍は一時撤退を余儀なくされた。そこで、光州市と外部とを結ぶ鉄道、道路を遮断する手段に出た。これにより、光州市の包囲網を完成した。それでも、抗戦派市民は、「金大中の釈放」、「戒厳令撤廃」を要求し、最後まで戦うことを決議する。これに対し軍は、戦車で市内に入り、市内全域を制圧した。抗争指導部を率いていた尹祥源（ユン・サンウォン）を含む市民軍の多くが射殺され、鎮圧作戦は終了に至る。尹祥源は、以下のように言いかけて、息絶えたと言う。

> 生まれ変わっても、この国の民主主義と民族統一、そして苦難を受けている民衆のために働こう。（中略）いたわりあい、慈しみあい、食べ物を分け合い、僕らは本当に幸せだったじゃないか。ここここそ、人間が住む世界……[5]

その後、軍法会議において、金大中には内乱予備罪などを理由とする死刑判決が言い渡された（後に無期懲役に減刑）。当時の韓国国内では、保安司令部が情報をすべてコントロールしていたため、光州事件の実態について国民に説明されることはなかった。しかし、光州市民らの証言によって、徐々にその悲惨な実態が明るみに出るにつれ、光州事件は、反独裁民主化運動の理念的指標となって行った。この流れは、1987年の大統領直接選挙制を求める「六月抗争」に繋がって行く。

『光州5・18』

2007年の韓国映画『光州5・18』は、前出の未曾有の軍事的弾圧事件を描いたスペクタクル映画の力作である。空挺特殊部隊の市民への暴力的弾圧シーンは、凄まじいまでのタッチで観る者に迫ってくる。金志勳（キム・ジフン）監督は、映画の前半で貧しいが人間味溢れる地方都市の暮らしぶりをほのぼのと描き、後半でその平和な日々に抗し難い政治闘争の波が押し寄せてくる不条理を、日常と非日常とのはっきりとしたコントラストの中で表現している。

主人公は、平凡なタクシー運転手ミヌで、イデオロギーからというよりは、市民としての誇りゆえにやむなく銃を取らざるを得なくなった男だ。その揺れる心模様が、丁寧な感情ディテール描写とともに提示される。ミヌ役の金相慶（キム・サンギョン）は、光州市民にとって光州事件が何であったかを、武骨ながらも迫真の演技で伝えてくれている。ラストシーンで、軍兵に包囲されたミヌは、銃を捨てての降伏を促されるが、暴徒呼ばわりされたことへの義憤の念をこらえきれず、「我々は暴徒ではない」[6]と叫んで包囲網に向けて銃を構え、その瞬間蜂の巣のように砲弾を浴びて死んで行く。そのミヌが最後に発した言葉こそが、この映画の最も伝えたかったメッセージであろう。光州市民の抗戦は、烏合の衆による暴挙ではなく、民主化への熱き願いを共有した義挙であった。世の中には、観ておかなければいけない映画がある。この映画もそのうちの一つだ。

「光州Ｃｉｔｙ」

光州事件に対して、一番直接的な表現で立ち向かった楽曲は、皮肉にも日本において世に問われた。軍部によって言論をコントロールされていた当時の韓国では、自由な立場からの社会批判は、到底許されない状況にあった。日本で発売されたそのプロテストソングは、在日コリアンの白竜がロッカー時代に発表した「光州Ｃｉｔｙ」である。

光州Ｃｉｔｙ

熱く燃えてる南の大地が
俺の目を覚ます
五月の空に銃声が鳴り響き
街は炎に包まれた
自由を叫ぶ人の歓声で街は沸きたってる
光州Ｃｉｔｙ、時代の嵐が吹きすさぶ街さ

テレビの画面に映ったあいつが
不敵な笑いを浮かべてた
額を切られた男が右手を上げ
勝利のＶサインを送る
五月の愛の嵐に人々は熱く燃えている
光州Ｃｉｔｙ、時代の嵐が吹きすさぶ街さ

子供を殺された年老いた女が
大地をたたき泣きじゃくる
女や子供や年老いた男までが
兵士たちに立ち向かってゆく
長すぎた冬の時代に終わりを告げるために
光州Ｃｉｔｙ、時代の嵐が吹きすさぶ街さ[7]

6・29民主化宣言

光州における民衆蜂起を軍部の力で押さえつけ、間隙を縫って権力の座に就いたのが全斗煥（チョン・ドファン）であった。その強引な権力奪取ゆえに、その政権の正当性について、多くの国民は疑問を残した。それでも大半の国民は、軍人はもういやだと思いながらも全大統領の任期7年で辞めるという約束の言葉を信じた。しかし、大統領は、任期満了1年前になっても後継者を明らかにしなかった。こうした状況下、大統領は、政権の延命工作とも思える憲法改正論議の棚上げ案を発表するに至る。その発表には、学生や野党だけでなく、一般大衆も怒りを露にした。

このような雰囲気の中で、1987年6月29日、韓国の歴史を変える「六月抗争」と呼ばれたクーデターが発生する。このままでは人心が与党から離れるとの危機感を募らせた盧泰愚（ノ・テウ）民主正義党代表委員が、突然8項目に及ぶ声明を発表したのである。それは、民主化に大きく舵を切る内容であったので、「6・29民主化宣言」と呼ばれた。以下に、その内容を記しておく。

1. 大統領直接選挙制への憲法改正　2. 選挙法の公正な改正　3. 金大中などへの政治活動禁止措置の解除　4. 新しい憲法での国民基本権の強化　5. 言論の自由の保障　6. 地方自治と教育自治の実施　7. 政党の健全な活動の保障　8. 社会浄化措置の追及[8]

ここに掲げられた8項目は、それまで野党や学生たちが政府に突きつけてきた要求であり、与党は決して聞き入れようとはしなかったものばかりである。したがって、盧泰愚代表による特別声明の発表は、反乱とも言えるくらいの社会構造改革であったのだ。その後、民主正義党は次期大統領候補に盧泰愚を選出し、平和的権力の移動を軌道に乗せて行くことになる。

5．中産階層の台頭

長い間、韓国社会は、両極化社会と言われ、少数の高所得者層と大多数の低所得者層しか存在しなかった。そこに、１９７０年代後半から１９８０年代にかけて、経済成長とともに中間層が台頭し始め、１９８０年代中頃には、韓国社会は中産階層社会への移行を完成させた。そして、この中産階層こそが、韓国の民主化を最も望んだのである。

１９８０年代、韓国社会における勝ち組である中間層は、確たる民族教育を受けた自信と韓国の近代化及び民主化を牽引してきたというプライドから、さらなる民主化を強く求めた。韓国中産階層の絶対多数が、非民主的政府と権力に対して抵抗でき得る国民の権利を憲法に明らかにすることを望み、学生たちの運動を支持した。ネクタイをした30代の商社マン、証券会社社員、銀行員らが、20代の学生の指導にしたがってデモ行進する様は、珍しい光景ではなくなっていた。実際、１９８５年の国会議員選挙における与党の惨敗に対する分析は、都市中産階層と大学生の反抗だと集約された。「ソウルの公務員アパートでも、そして韓国の最高級アパートとして有名な狎鴎亭洞の現代アパートでも、野党の票が圧倒的に多かった」[9]と言う。前述の「６・29民主化宣言」の背景には、もはや中産階層の意向を無視して政治活動を行えなくなった、韓国社会の急激な変化が潜在していたことに疑いの余地はない。盧代表の声明発表は、本質論から言えば、与党の中で自主的に起こった名誉革命ではなく、中産階層の発言力の拡大という外圧ゆえの与党の自衛策であった。そしてこの改革は、１９９０年代の民主化の基点となって行く。

ちなみに、現在の韓国最大の社会問題は、中産階層と労働者階層間の経済格差問題に移行している。１９８０年代、韓国中堅管理職の平均月収は、労働者のそれの3倍であった。これは、韓国の新たな名主となった中産階層ホワイトカラーの高度消費生活が、ブルーカラー労働者階層の犠牲の上に成り立っていたことを意味する。この社会構造は、いまも基本的には変わっていない。韓国のホワイトカラーが日本のホワイトカラーよりもよい暮らしをしているのは、韓国のブルーカラーが日本のブルーカラーより貧しいからだ。韓国の政治面での民主化を主導した中産階層は、次なる経済面での民主化（すなわち格差是正）のフェーズでは、逆に攻撃の標的にされるはずだ。

『ペパーミント・キャンディー』

李滄東（イ・チャンドン）監督の『ペパーミント・キャンディー』は、１９８０年から１９９９年という20年間を現在から過去へと逆行する。主人公ヨンホを演ずるのは、韓国映画界きっての演技派、薛景求（ソル・ギョング）である。ヨンホが衝撃的な自殺を図るシーンからこの物語は始まり、そこに至る過程が時間の逆回しで描かれて行き、彼が市民に銃を向ける側の軍人として１９８０年の光州事件に係った時点にまで遡る。

　格差社会の生贄として生み落とされた底辺生活者ヨンホには、民主化運動に参加して自己の信念を貫く自由など許されておらず、図らずも権力の手先として市民を抑圧する側に立つ。その主人公が社会的に背負わされた虚しき行動に、この映画のプロットの起点が設定されている。そして、その虚しさは、薛景求という稀代の実力派俳優による迫真の演技で観る者の心に突き刺さる。映画監督の山下敦弘の言葉を借りれば、「ソル・ギョングの

“空っぽの目”が見つめる未来への絶望」[10] となるのであろう。

　筆者の拙い言葉でこの『ペパーミント・キャンディー』という映画のメッセージを表現すれば、「中産階層へ這い上がろうとして必死にもがいてはいるが、どこかでそれが無理なことだと理解している労働者階層の冷めた視線と挫折感」とでも表現できようか。

1980年代から1990年代を通して、中産階層にとっての民主化は一応の成果を獲得した。しかし、韓国の民主化を主導した中産階層は、「次なる経済面での民主化のフェーズでは、逆に（労働者階層から）攻撃の標的にされるかもしれない」と前述した。この意味において、『ペパーミント・キャンディー』は、李滄東監督が韓国社会のマジョリティである中産階層に突きつけた問題提起だとも解釈できよう。ヨンホは、工場労働者、兵役、刑事、実業家と成功の階段を必死で駆け上って行こうとする。しかし、最終的に待っていたのは経済破綻という現実であった。そして最後は、列車に身を投げ自殺に至っている。韓国社会の名主たる中産階層への入り口は、思いのほか狭いのである。実現が困難を極める労働者階層の夢の儚さと悲しさを、李滄東は、容赦ない映像で訴えようとする。また、この物語が自殺で終わっている（始まっている）点は、世界一の自殺大国（10万人あたりの自殺者数28.4人）である韓国の実態を反映していよう。

私ごとで申し訳ないが、著者は高校卒業後、19年間、工場労働者として働き、その後39歳で大学に入学し、10年かけて博士号を得て、50歳で何とか大学の教員ポストに滑り込んで現在がある。一つ間違えば、ヨンホと同じ結末が大きく口を開けて待っていた。それゆえ、この『ペパーミント・キャンディー』という映画は、個人的にも身につまされるリアリティを有している。ただ、日本は韓国と違って、中産階層と労働者階層との経済格差が比較的少なく、ヨンホが感じた程の胸をかきむしらんばかりの焦燥感と疎外感を、あまり感じずに済んだのは幸いであった。

『ペパーミント・キャンディー』の中にも描かれたいくつかの社会矛盾を潜在させつつも、１９８０年代の韓国は、全体的に希望と熱気に満ちた10年間であった。その余熱は、日本にも伝わり、韓国と言えば緊迫した政治情勢や活気づく高度経済成長といった話題の中に、民主化意識の芽生えの副産物として、洗練度を増した韓国大衆文化の話題（特に野球、映画、歌謡曲の話題）も挟み込まれるようになった。このようにして、日本における「第一次韓国ブーム」の土壌が形成されて行ったのである。

6. 韓国プロ野球リーグの誕生と在日僑胞選手

アメリカのスポーツジャーナリスト・ロバート・ホワイティングは、日本社会を分析する際、日本プロ野球界への考察が格好の覗き窓となることを、名著『菊とバット』（*The Chrysanthemum and the Bat*）の序文に記した。ホワイティングの試みた手法を韓国プロ野球にあてはめると、韓国プロ野球分析を韓国社会分析に繋げることが可能となろう。関川夏生の『海峡を越えたホームラン』は、韓国プロ野球発足2年目以降、海を渡ってそこに身を投じた在日僑胞（キョッポ）選手に焦点をあて、彼らにとって祖国という名の異文化である韓国社会を炙りだそうとした。作者は、「プロ野球という小社会の中に韓国が詰まっている。韓国そのものが濃縮して表現されている」[11]と書いている。そして、在日僑胞選手に対する深いシンパシーを以下のように述べた。

彼ら（在日僑胞選手）に限りない友情を感じなければ、この物語は書かれなかった。韓国の透明な風にたたずむ彼らは美しかった。彼らは誠実であり、勇敢でもあった。たとえ、日本ではスポーツ選手としてのありふれた群像の中の一人でしかなかったとしても、韓国での生活が、「異文化」としてのきしみ音が聞こえてくるような激しい接触が、彼らを変えた。網膜の焦点深度は増し、さらに多くを語る表情を持つようになった。自らのアイデンティティを模索し、職業人として家庭人として前向きであろうとする意志は、彼らの精神の彫りを深めた。[12]

1982年に発足した韓国プロ野球リーグは、地域としての「道」に対する韓国人の帰属意識及び各道間の対抗意識を巧みに取り入れ、地域的にバランスのとれたフランチャイズ制を敷いた。それが功を奏して、韓国プロ野球界は創立初年度をまずまずの興行成績で終えた。そして、その好スタートにさらなる加速をつけようと、韓国の基準ではかなりの高額で、多くの在日僑胞選手たちと入団契約を結んだ。高額と言っても日本円に換算すればさほどでもなかった。

元広島カープの投手福士明夫こと張明夫（チャン・ミョンブ）に三美球団が支払った金額は1億ウォンであったが、当時の為替レートでは、日本円で3000万円でしかなかった。韓国プロ野球界は、在日僑胞選手の愛国心に訴えかけ、祖国での活躍の場を約束し、彼らに海峡を越える決意をさせた。もし福士が日本人であったらその額で契約したかは疑わしい。福士明夫は、韓国でプレイすることに、金銭プラス何がしかの付加価値を見出して、張明夫として日本海を渡ったはずである。日本ハムファイターズでリリーフエースとして活躍し、阪神タイガースでは中継ぎだった宇田東植こと朱東植（チュ・ドンシク）は、ヘテ・タイガースと契約し、家族を連れて光州に赴任した。次年度には、読売巨人軍の左のエース新浦寿夫こと金日融（キム・イルユン）が、1億5000万ウォンで三星ライオンズに入

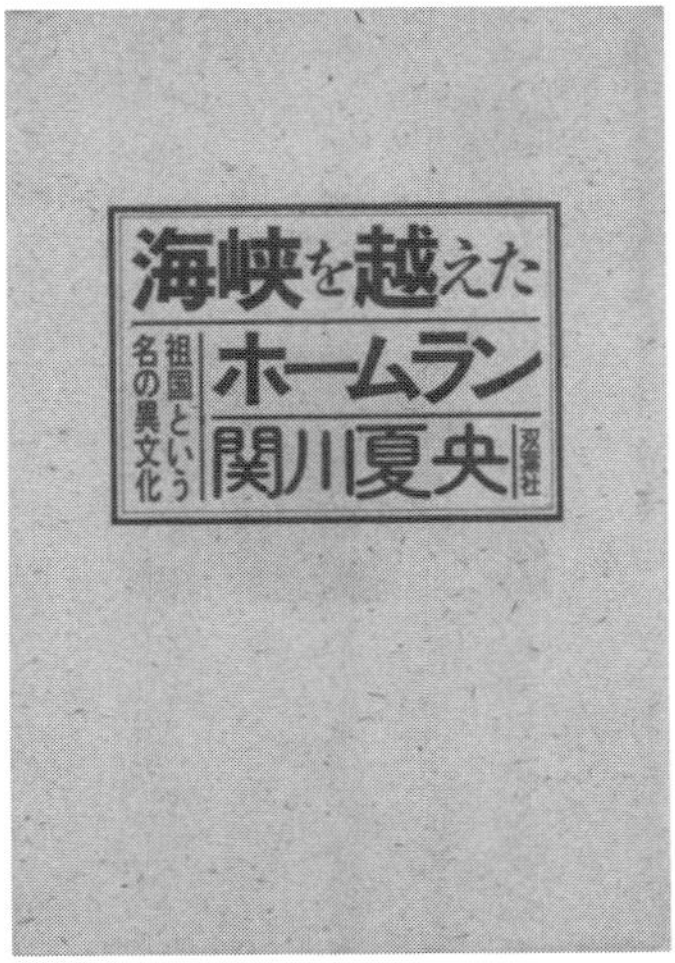

団した。彼の年俸は、在日僑胞選手としては最高額を誇った。日本のプロ野球界の1軍で活躍した選手はこの3人で、彼ら以外の僑胞選手は、日本では獲得できなかったレギュラー選手としての活躍の場を求めて韓国野球界に身を投じた。

韓国野球界の悪役スター張明夫（福士明夫）

2年目を迎えた1983年の韓国プロ野球は、日本からやって来た僑胞選手・張明夫《チャン・ミョンブ》を基軸に展開したと言っても、大袈裟の誹りを受けることはないだろう。彼ほど、韓国の野球ファンからそのプレイと言動が取り沙汰された選手はいなかった。彼は、韓国人ファンから見れば、日本野球のレベルを測るリトマス試験紙のような存在であった。韓国人ファンは、日本の一線級投手であった張が打たれれば、「日本野球はこの程度のものさ」と溜飲を下げることができた。彼らは、張のプレイ、あるいは言動の一挙一動に注目し、彼を通して日本及び日本人を見極めようとした。言うならば、張明夫という存在は、野球選手という枠を越えた異文化アイコンでもあったのだ。

鳥取西高校出身。読売ジャイアンツ、南海ホークス、広島カープで常にローテーションの一角を担い、スター選手と呼ぶほどの華やかさは有していなかったが、この年に韓国野球界に身を投じた４人の僑胞選手の中では、張明夫は日本球界における実績では頭一つ抜け出ていた。年齢は32歳。力の衰えは否めなかったが、それを補って余りある経験を積んでいた。張明夫という日本から来た一流投手を打つことが、その年の他チームの全韓国人打者の課題であったと言っても差し支えなかろう。

楽をしても金をとれるだけのプレイができるのがプロであり、その姿勢こそが1年でも長く野球を続けることを可能にするという張明夫の野球哲学は、プロ野球にさえアマチュア的必勝精神と道徳性を求める韓国人の気質にフィットしなかった。彼はまた、長いペナントレースでは負けるときもあるゆえ、そのときは必要以上の消耗は避けて次の機会に備えた。打たれたときは、グラブをグランドに叩きつけて口惜しさをストレートに表現した。それは、プロとしてのパフォーマンスであり、自らの闘争心を掻き立てる行為でもあった。ときにはビーンボールまがいのブラッシングボールで、えげつなく打者の内角をえぐりさえした。それとても、彼にとっては、野球を職業とした者の生きる術であり、ダーティプレイなんかではなく、プロとしての計算づくのスキルであった。しかし、それらの技術も彼の野球哲学と同様、韓国人ファンには馴染まなかった。力と力との真っ向勝負こそが我国の野球（ウリナラヤグ）だと自負する韓国人選手及びファンは、駆け引きを配したプレイを行なう、あるいはそれを楽しむという段階には、いまだ至っていなかったのである。

そんな韓国人ファンが張明夫に与えたニックネームがノグリ（たぬき）であった。韓国のファンは、子供から大人まで、そしてマスコミもそう呼んだ。それは、張明夫の色黒の風貌、老獪さ、ふてぶてしさを揶揄する言葉であったが、それでも、そんなニックネームが浸透すればするほど、張明夫は韓国野球界の悪役スターの座に君臨することができた。プロ意識の強い彼にとって、ヒール役は、望むところであったはずだ。張明夫は、速球の威力ではなく、投球術で勝ち続け、どのチームが彼を打ち崩すかは、韓国野球界最大の関心事となった。その年の彼の成績は、30勝16敗7セーブ、防御率2.34であった。韓国人選手にとって大きな壁であった張明夫の言葉を引用してみよう。

日本のプロとして、僑胞として、しっかりした仕事を見せたい。来年以降こっちへくる選手たちのためもあるでしょ。しっかりした契約、胸を張れる実績、僕らが苦労しながら掴んだ、なんというかな、こっちのノウハウっていうか、そういうものを彼らのために。[13]

金だけの理由でこっちへきてもダメでしょう。貨幣価値が違います。それ以外の動機がないと続かんです。韓国のため祖国のためという気持ちがどっかにないともたんです。また、韓国人の血が流れている人でないと耐えられないです。[14]

張明夫は、「こっち」と韓国を表現している。そのときの彼が韓国を祖国として意識していることに疑いの余地はない。しかし、そうした血の部分とは別に、文化的には日本人の部分を宿していることを否定していない。彼の僑胞としての体内で、韓国と日本とが大きな軋み音を立てて葛藤していた。それが上記の二つの引用から伝わってくる。

異文化間に生ずる摩擦熱と戦い、韓国人野球ファンの敵愾心溢れる視線に晒されつつ積み重ねた30勝は、1億ウォンのボーナスという球団との約束に適う勝ち星であった。しかし、その約束はほごにされ、張明夫は、契約書を軽視しがちだった当時の韓国野球に対するモティベーションを維持しづらくなって行った。その後の成績は下降の一途を辿り、１９８６年に現役を引退している。ロッテ・ジャイアンツのコーチを務めたりもしたが、１９９１年、麻薬所持及び使用の疑いで逮捕され、韓国野球界を追われた。それでも、１９８３年の韓国野球界において、彼は生涯で一番輝いていたし、美しかった。彼が韓国野球に残したプロ意識は、韓国プロ野球界を攪拌し、混乱させ、結果として成長させた。

張明夫は、日本に帰国後も決して幸せではなかった。他人の保証人のかたで広島の自宅を手放すはめになり、和歌山県の実母宅に身を寄せていたらしい。妻子とも別居していたようである。そして、２００５年4月13日、自らが経営していた麻雀店のソファで冷たくなっていた。享年54歳であった。

「祖国は日本海」と語った金戊宗（木本茂美）

山口県桜ヶ丘高校から、１９７３年に広島カープにドラフト8位で入団した木本茂美は、１９８３年、発足間もない韓国プロ野球に身を投ずるまで、１軍の試合には僅か15試合に出場しただけである。３安打、１本塁打、２打点、通算打率０.１５０が木本の日本での公式記録のすべてであった。それも正捕手の達川光男が故障中の起用であり、達川が戻ってきたとき再び2軍に戻されている。

10年目のシーズンを終えた29歳のとき、木本がカープから提示された年俸額は３６０万円であった。引退すら考えても不思議ではない時期にきていたと言える。そんなとき、韓国プロ野球から話があり、家族と相談して、在日僑胞選手・金戊宗（キム・ムジュン）として海峡を渡った。彼は、とにかく自分にプレイをさせてくれる場を欲し、そして何よりお金を稼ぎたかった。ゆえに、慶尚道出身の父親が全羅道のことをよく言わなかったとしても、光州のヘテ・タイガースに身を寄せる他に選択肢はなかった。

金戊宗は、慣れない食生活と言語障害に発熱しながら、開幕を迎えた。祖国という名の異文化との戦いが野球の戦いの前に立ちはだかったのであった。彼は、自分が選択した目の前の現実と望郷の思いを、次のように語っている。

どこが祖国かと言われたら、どこだろうと考えます。しいて言えば、日本海です。こっちでもあっちでもない、ちょうどその中間。それが正直な気持ちかもしれません。[15]

金戊宗も張明夫《チャン・ミョンブ》と同じように韓国を「こっち」と言い、日本を「あっち」と認識している。韓国で受ける僑胞ゆえの差別にも増して、彼が生まれてこのかた受けてきた日本での在日韓国・朝鮮人に対する差別の途方もない大きさが、「あっち」という言葉が持つ距離感の隙間に見え隠れする。以下は、その差別に関する金戊宗の言葉である。

小学校の1年の頃ですわ。それまでもなんで自分はいじめられるんか分からんままに、よういじめられました。ある日みんなに追いかけられてね、すべり台のてっぺんに追い上げられました。そいで「朝鮮人、朝鮮人」て、はやされて。よう覚えとります。あれは。[16]

筆者も彼と同郷（山口県徳山市：現周南市）である。さすがに、かつてあったコリアン居住区はもう姿を消したが、当時から現在まで、多くの在日コリアンが生活してきた町である。そのことは、井筒和幸監督の映画『パッチギ！』の中からも垣間見ることができる。

日本のどこが住み易すかったかと聞かれた沢尻エリカ扮する在日娘のキョンジャに「徳山もよかったな、下関もよかった」[17]と言わしめている。ちなみに、他の同郷在日コリアン・プロアスリートとしては、吉田光男（長州力）こと郭光雄（クァク・クァンウン）がいる。筆者は、在日コリアンいじめをしたか否かは、記憶が定かではない。おそらく、していても記憶に残らないほど些細なことであった可能性が高い。差別者と被差別者の記憶とは、そのようなものだろうと思う。昭和30年代は、映画『ALWAYS　三丁目の夕日』に出てくるような人たちばかりが暮らしていた時代ではなかった。あそこで描かれているような牧歌的な一面のすぐ隣に、非常に乱暴で剥きだしの民族差別意識が存在していた。

泣きたくなるような異文化摩擦の中で、開幕からの金戊宗の打率は、2割という境界線を縫ってドライブするかのごとくに推移した。しかし、ようやく飛び出した韓国での第1号ホームランをきっかけに、ぐんぐん調子が上がり、2割5分くらいまで達した。ヘテ・タイガースのホームグラウンドである光州無等球場センター左への一打は、文字通り「海峡を越えたホームラン」であった。金戊宗のこの年の最終成績は、打率0．262、12本塁打、43打点であり、韓国オールスター戦にも韓国シリーズにも出場した。シリーズの第5戦、ソウル球場でヘテ・タイガースはMBC青龍を破ってシリーズを制した。そして彼は、ベストナインに選ばれ、韓国一の捕手の称号を得た。試合後の表彰式で自分の名前が呼ばれ、拍手が球場にこだましたとき、金戊宗は眼を赤く腫らしていた。この瞬間は、彼にとって、人生最高の瞬間であったに違いない。

ヘテ・タイガースの優勝は、光州、いや全羅道全体にとって溜飲の下がる出来事であった。経済的にも、政治的にも冷遇されてきた全羅道にとって、我が「道」のチームが韓国シリーズを制したことは、積年の恨みを晴らすカタルシス効果があった。この年、ヘテ・タイガースは、全羅道の希望の星であり、選手一人一人は英雄であった。したがって、本拠地球場での勝利は、神が彼らに与えた使命と言っても過言ではなかった。もし負ければ、選手一同、グラウンドに土下座してファンに謝らなければ許して貰えそうにない雰囲気が球場を包んでいた。

この頃の韓国の野球ファンは、野球そのものに対する興味からより、地元のチームの勝利に対する執着からスタジアムに足を運ぶ傾向が強かった。韓国の地域対立は、日本人の窺い知れぬ程根深いのである。とりわけ慶尚道と全羅道との対立は宿命的で、三星ライオンズとヘテ・タイガースの試合は、野球というスポーツを越えた地域戦争の様相を呈した。野球という娯楽でこのくらいだから、結婚という家と家の問題になると事態は絶望的だ。大邱の男性と木浦の女性が結婚する方法論は、当時は駆け落ちくらいしか思い浮かばなかった。朝鮮半島には、高句麗、新羅、百済の三国時代以来の軋轢が残ると言われてきたが、昨今の事情も大差はないらしい。

こうした国と地域という二重の文化的差異の中で、金戊宗は6年間プレイした。捕手という激務を強いられるポジションでの通算打率0.240は、立派な成績である。彼は、韓国プロ野球界でその才能を開花させた。引退後は、会社員として働いているという。派手さとは無縁の彼らしい第二の人生である。

日本の一流投手の実力を見せた金日融（新浦壽夫）

1983年の張明夫《チャン・ミョンブ》、金戊宗《キム・ムジュン》の大活躍が追い風となり、翌年の韓国プロ野球界は、新たに6人の在日僑胞選手及び在日韓国系選手と契約した。その中で、日本での実績で抜きん出ていたのが新浦壽夫であった。彼は、巨人3年目の1973年に日本に帰化していたので僑胞選手ではない。しかし、韓国では金日融《キム・イルユン》という韓国名でプレイした。

新浦は、静岡商高のエースとして、1968年、同校を夏の甲子園大会で準優勝に導き、高校を中退して読売巨人軍に入団した。当時、新浦は、韓国籍であったため、ドラフト対象選手枠からはずされた。そこで、国内の6球団及びメジャーリーグも巻き込んだ争奪戦となり、そのことで注目された。日本語しか話せない彼が、自分を外国人として強く意識した数少ない機会であった。これがきっかけとなり、その後、「日本の学校に所属する選手はすべてドラフトにかける」というルールに変更された。

１９７７年、１９７８年は2年連続で最優秀防御率と最多セーブを同時に記録し、１９７９年には最多奪三振も記録している。絶対的な「左のエース兼リリーフエース」として長嶋監督に重用された。しかし、１９８０年以降は無理な登板がたたり成績を崩し、「ガラスのエース」などとも呼ばれた。それと同時に、登板機会は著しく減って行った。そこで、韓国プロ野球への移籍を決意し、１９８４年、三星ライオンズへ入団したのであった。金日融が三星に加入したことで、日本のマスコミの韓国野球に対する注目度は格段に上がった。発足した１９８２年には見向きもせず、翌年は張明夫を中心にした在日僑胞選手の奮闘ぶりを形式的に報道してきた日本の新聞各社は、3年目には現地取材陣を組織し、自発的にレポートを始めた。さらに、テレビ局はクルーを送り込む程取材合戦は過熱した。

金日融は、そのハンサムな顔立ちと紳士的態度が韓国人ファンに比較的好意を持って受け入れられた。ソウルの有名女子高校のスポーツ選手人気投票で、彼は第1位に選ばれた程であった。また、彼に憧れを抱く韓国の野球少年も沢山現れていた。筆者が当時慶州のホテルで偶然見た高校野球のテレビ中継では、金日融の投球フォームを真似たと思える左腕投手が、夏空の下、チームを全国大会に導くべく必死の投球を続けていた。

そんな金日融につけられたニックネームはヨウ（きつね）であった。細い顔と目、打者心理を読んだ巧みな投球、さらに、ときおり見せるピンチでの落ち着きのなさなどから、そう名づけられた。シーズン序盤は、日本時代からの「ガラスの心臓」ぶりが災いするケースが多かったが、中盤になってナイトゲームが増えるに連れて勝ち星が増えた。ナイトゲームに強かったので、ヨウは、プオンイ（ふくろう）に変えられた。その年、彼は16勝10敗と健闘し、次の年は25勝6敗、3年目13勝4敗と、コンスタントに実績を挙げ、日本の一流投手の実力を韓国野球ファンの前で見せて帰国した。

金日融は、韓国マスコミとの軋轢は可能な限り避けようと努力した。その点でも、マスコミとの騒動を頻繁に起こした張明夫とは対照的であった。日本に帰化していることをネガティヴに捉えて、韓国への復籍を望むような無神経な韓国人記者のインタビューに対してさえ、在日韓国人が立たされている苦境ゆえの已む無き決断であったことを声高に訴えたりはしなかった。韓国語を意識的に遠ざけたのも、言葉の上達にともなって増えてくるであろう外部からの余計な情報を遮断したかったからだ。「見ざる、言わざる、聞かざる」に徹することは、それはそれで、徹底したプロ意識だと言えよう。

反面、助っ人に徹し、韓国語を覚えようとしなかったため、チーム内での親密な関係は最後まで築けなかった。三美のチームメイトからフクシ・マル（語）と呼ばれたメタ言語（皮肉っぽく使用）を駆使して、何とかコミュニケーションを取ろうとした張明夫とは真逆のコミュニカティヴ・アプローチであった。金日融自身は、チーム内での人間関係について、以下のように言っている。

> 首脳部との間に、どうしても馴化することのできない薄い膜のようなものがあった。民族意識の強い彼らと、国籍よりも野球という仕事をする男である私との間の摩擦熱のようなものであったのかもしれない。[18]

このような状況下で、金日融は、ストレスハゲを患い、とうとう3年目には糖尿病まで抱え込むに至る。「独特の甘酸っぱい匂い（アセトン臭）が混じった小便に気づいたとき、自分でもはっきり糖尿病を認識した」[19]と言う。

帰国後の１９８７年、横浜大洋ホエールズにおいては、韓国で技巧派に転身した経験を生かし、老練なボールの出し入れで左のエー

スとして活躍し、カムバック賞を受賞した。しかし、その後糖尿病を悪化させ、インシュリン注射が欠かせない生活に陥ってしまい、1992年には引退している。引退後の1994年には、野球生活と闘病生活とを描いた自伝『ぼくと野球と糖尿病』を世に問うた。現在では、野球解説者として活躍する傍ら、韓国東亜日報グループの『スポーツ東亜』の日本駐在通信員を兼任してもいる。

在日僑胞選手が韓国プロ野球にもたらしたものとその後

1982年にスタートした韓国プロ野球は、続く数年間の在日僑胞選手の活躍を通して、日本プロ野球から一定のものを学んだ。それらは、目の前の勝負だけでなく1年を見通した戦略の必要性であり、自分の成績に相応しい報酬を受け取る権利の行使であり、勝つための駆け引きは不道徳ではないという意識変革などであった。韓国野球界における在日僑胞選手は、日本野球界における外国人選手の役割を果たした。それでも、アメリカのベースボールと日本のヤキュウが「似て非なるもの」であると同じように、韓国のヤグと日本のヤキュウも「似て非なるもの」である。同化する必要など何処にもない。

1980年代、着実に観客動員数を延ばした韓国プロ野球は、1995年、観客動員数が

５００万人を越え、プロ野球の人気は絶頂に達した。しかし、１９９７年のアジア経済危機を境に下降して行った。それでも、２００５年頃から観客動員は復調を見せ、２００９年は、前年の北京五輪優勝、開幕前のＷＢＣ準優勝など韓国代表の好成績もあり、新記録となる５９２万５０００人を記録した。２０１２年には、７００万人に達したと言う。

２０１２年10月19日放送の『ベストスポーツ増刊号：若者を逃すな！　韓国プロ野球はいま』（ＮＨＫ　ＢＳ１）では、そんな韓国野球の興隆と熱気を伝えていた。驚いたのは、中心ファン層が20代から30代の若者にシフトしていて、その半数が若い女性だということだ。日本の野球ファンの中心層は依然として中高年男性で、かなり野球に詳しい人が多い。それに対して韓国の若い女性ファンは、まるでＫ‐ＰＯＰアイドルや韓流映画スターを見に行く感覚で、野球場に足を運ぶ。当然、スタジアムは一つのアミューズメントパークと化す。そこでは、日本の都市対抗野球のような趣向を凝らした派手な応援風景が繰り広げられていた。一度、この新しい熱気を韓国で実体験してみたい。

２０１１年の康祐碩（カン・ウソク）監督作品『ホームランが聞こえた夏』は、そんな韓国野球人気を背景に生まれた映画だと言えよう。それは、ある聾学校野球部の実話をベースにした物語で、聴覚を失った天才ピッチャーと没落した元プロ野球選手がエース投手と監督というかたちで出会い、韓国の甲子園と称される「鳳凰杯」での一勝を目指す感動作である。韓国の高校野球は、日本の高校野球のような国民的人気には達していないが、韓国野球界の裾野を形成していることは間違いない。『ホームランが聞こえた夏』は、そのことが伝わってくる一作だ。

7. 韓国ニューシネマの台頭

韓国映画の夜明けは『アリラン』から

ソウルの地下鉄4号線の「誠信女子大入口」駅を出て、弥阿里坂に向かって歩いて行くと、アリラン坂シネマ通りはある。城北区が文化発信地にしようとして開発を進めている通りで、坂の頂上には、映画館が３つも入っているアリラン・シネ・センターが建っていて、映像アーカイブや資料館などもある。また、映画志望の若者たちに、映画作りのノウハウを教える講座も開催している。

韓国の人たちが自国の映画界を語るとき、羅雲奎（ナ・ウンギュ）監督の『アリラン』から始めなければ、映画ファンとは認めて貰えないらしい。その作品は、１９２６年の日本統治時代に作られた映画で、民族の挫折と試練、そして独立を求めての長い旅を暗示するように工夫されていると言う。直接的に表現していれば、総監府、総督府と続いた日本の植民地政府の検閲の網にひっかかっただろうから、羅監督がギリギリの判断を余儀なくされたことは想像に難くない。彼は、民族の自立を、長い旅の過程でアリラン峠を越えて行く行為で象徴したのである。

こうした経緯から、韓国人にとって「アリラン」という地名は、昔も今も民族心を煽る力があり、民謡「アリラン」は、ナショナル・アイデンティティの「恨」（恨みと克己の両義性を有す）を鼓舞する歌だと言ってよい。

それゆえに、韓国では何百ものアリラン坂があり、ここで紹介しているソウル城北区のアリラン坂は、映画『アリラン』のロケ地として、他のアリラン坂より頭一つ抜け出るブランド力を有する。そして、その名を冠したアリラン坂シネマ通りは、ソウルの新たなツーリスト・ポイントに名乗りを挙げようとしている。歩道には国内外の映画ポスターの青銅板が埋め込まれており、上り坂の左側には韓国映画の名作が選ばれ、右側には外国映画の名作が選ばれている。韓国サイドで最初に足元に来るのは、もちろん『アリラン』だ。日本映画では、『羅生門』、『東京物語』、『七人の侍』が日本からの「旅人」（ナグネ）を迎えてくれる。

現在、映画『アリラン』の実物のフィルムは残っておらず、朝鮮戦争により焼失したと考えられている。万が一にもフィルムが発見されたら、間違いなく国宝に指定されるはずである。可能性があるとすれば、大の映画好きでコレクターであった北の指導者故金正日（キム・ジョンイル）のフィルム・ライブラリーの中かも知れない。平壌の高台に「国家映画文献庫」を事実上個人で所有し、2万巻のビデオテープを保存していたと言われる。ちなみに金正日の著書『映画芸術論』は、日本語訳も出版されている。

軍事政権下での表現統制

映画『アリラン』が追及した表現の自由は、韓国には、個人の自己表現レベルにおいても、1980年代に至るまでもたらされなかったと言えよう。1970年代、アメリカのヒッピー・カルチャーの影響で韓国でも長髪の男性が増えたが、警官がバリカンを持って追いかける姿がごく日常的であった。スウィンギング・ロンドン発のミニ・スカート・ブームも若い女性の間で流行の兆しを見せたが、これまた膝上20センチ以上のスカート丈に禁止令が出て、警官が街を歩く女性を呼び止めては、定規でスカートの長さを測る光景も頻繁に見かけられたと言う。

また、夕方6時になると韓国中で国歌が流れ、道を歩いている者はその場に立ち止まり、音が聞こえてくる方に向って右手を左胸にあて、愛国心を示さなければならなかった。著者は、大田でその光景に遭遇した。そのときの未知との遭遇シーンは、今でも残像が脳裏こびりついている。加えて、１９８２年までは、夜12時から明け方の4時までは通行禁止となっていたので、飲みすぎて電車に乗り遅れたら、どこかに泊まるか、朝まで飲み続けるかしかなかった。

そんな不自由な状況下でも、韓国のサブカルチャーは芽を出し始めていた。まず、ディスコ・ブームが巻き起こり、ミラーボールの下は治外法権の様相を呈し、アフロヘアーの男性と超ミニの女性がゴーゴー・ダンスを踊った。そこで奏でられる音楽は、ブリティッシュ・ハードロックあり、アメリカン・フォークロックあり、はたまた日本のグループサウンズ風のバラードありで、多士済々であった。そして、ミュージシャンたちの修業の場は、米軍基地周辺のクラブに求められた。

こうした状況は、戦後から１９６０年代前半までの日本のそれとあまり差がない。日本では、基地周辺でジャズやロカビリーが持てはやされる一方で、歌謡曲に基地発のアメリカン・ポップスのテイストがトッピングされ、ジャパニーズ・ポップス（現在のＪ‐ＰＯＰとは違う）が生まれた。そのジャパニーズ・ポップスの金字塔が、坂本九によって歌われた「上を向いて歩こう」である。日本の曲では唯一、アメリカのビルボード・ヒットチャートのナンバー・ワンに躍り出たその曲は、アメリカ人には「スキヤキ」として親しまれた。それに比べて、韓国ポップス・シーンは、厳しい環境下に晒された。新しく台頭した若者の音楽が警察権力によって武力弾圧され、ベースキャンプで培われたミュージシャン・シップの維持は、困難を極めた。

『ゴーゴーセブンティー』

そのあたりの音楽シーンと権力とのせめぎあいは、２００８年の韓国映画『ゴーゴーセブンティー』の中で鮮やかに描き出されている。そこでは、実在した韓国初の本格的ソウル・バンド、デビルズの修業時代と短すぎる絶頂期が、ついつい涙腺が緩みそうになるソウル・ナンバーをＢＧＭにして紡がれて行く。

１９７２年、慶尚北道大邱近郊の基地村には、米兵を相手にした酒場で演奏するバンド

マンがひしめいていた。その中の一人、曺承佑（チョ・スンウ）演ずるサンギュは、ソウル・ミュージックに魅せられた仲間を集め、デビルズという6人組のバンドを結成する。そこに、サンギュたちが演奏する酒場で働いていた新敏娥（シン・ミナ）演ずるミミがマネージャーとして加わる。出場した音楽コンテストから道が開け、デビルズは韓国一のライブバンドの地位を手に入れるまでに至る。マネージャーのミミは、デビルズ専属のダンス・グループ、ワイルド・ガールズのメインダンサーとして見る見る頭角を現し、そのライブには欠かせないセクシー・アイコンに成長する。しかしそれも束の間、朴正熙政権下のパターナリズムに基づく若者のサブカルチャーへの弾圧策（前述のバリカンによる長髪カットやミニスカートの取り締まりシーンは、この映画にも登場する）によって、デビルズのメンバーたちも留置所に入れられ、非人道的な拷問を受ける。『ゴーゴーセブンティー』は、韓国現代史における表現統制の実態を垣間見せてくれている。

　映画の中でデビルズを演じた役者たちの演奏は、ほとんど吹き替えなしだったそうだ。

主演の車承佑は楽器ができなかったため、事前に3ヶ月、加えて、撮影中もずっとギターの練習を行い、ライブ演奏を可能にしたと言う。彼はミュージカル俳優なので、歌唱力に問題がないのは当たり前だが、ファンキーなソウル・フィーリングまで身につけていたプロ根性には、正直驚かされた。実際のロック・バンドのメンバーである車承佑（チャ・スンウ）と孫懲昊（ソン・ギョンホ）も、メンバー役として出演している。車のノリのいいギター、孫のいぶし銀のドラミングは、一見の価値ありだ。さらに、映画の中のデビルズは、なんとインディーズのメッカ弘大（ホンデ）のとあるクラブでコンサートを行い、その日の模様がDVDの特典映像として収録されている。

監督の崔蔡（チェ・ホ）は、デビルズを題材にしたわけを聞かれた際、ロックが主流だった当時の韓国の音楽シーンで、「東アジアソウルと称されていたデビルズの音楽性に魅かれたからだ」[20]と語っている。韓国では、ソウル・ミュージックはとりわけ基地村出身のミュージシャンの間で人気が高かった。彼らは、米兵と韓国人女性（娼婦である場合も多かった）との間に生まれた混血が多く、社会的な困難を抱えていた。その困難性に対して、ソウル・ミュージックの根底にあるブルースの反逆性を盾に立ち向かい、さらにその反逆性をバイタリティに転化して伸し上がって行こうとした。その上昇志向は、この映画からもほとばしってくる。

「ソウルマン」、「ムスタング・サリー」、「ダンス天国」などのダンス・ナンバーが響き渡るゴー・ゴー・クラブを舞台に繰り広げられる『ゴーゴーセブンティー』のコリアン・グラフィティは、韓国の軍事政権下における言論弾圧、経済成長から取り残されるスラム街、夢を諦めない男女の恋愛感情などの混然一体を取り込んでストーリーが展開して行く。アメリカの同盟国としてベトナムに兵を送り込む韓国と、それを後方から支援する日本とに、多少のタイムラグはあっても、アメリカ対抗文化の影響を受けた若者文化が芽生えていたことは、特筆に価しよう。

１９８０年代の韓国ニューシネマ

１９７０年代末期、河吉鍾（ハ・ギルチョン）監督が韓国映画界に登場してくると、これまで抑圧されていた表現の自由に風穴をあけて、長いトンネルを抜け出そうとする動きが出てくる。彼の『馬鹿たちの行進』は、当時の大学生が、ガールフレンドとの交友にうつつを抜かしながらも、閉塞した社会状況に苦しみ、自己実現ができないまま大人になって行くもどかしさを描いた私小説的映画であった。崔仁浩（チェ・イノ）の原作小説の方は、『ソウルの華麗なる憂鬱』という邦題で日本語版も出版されている。

加えて、1980年代に入って、李長鎬（イ・ジャンホ）監督が『風吹く良き日』で注目を集めると、韓国映画界はにわかに活気を帯びてくる。その『風吹くよき日』は、南大門市場を背景に、高度経済成長を遂げる韓国社会の底辺でせつなくもたくましく生きる若者たちの姿を描いた青春映画の傑作である。また、NHKで放送されたことで、韓国映画が日本で注目されるきっかけとなった一本でもあった。

実は筆者は、生まれ育った地方都市でこの『風吹く良き日』の自主上映会を主催したことがある。主催者側としては、自信を持っていた映画だったが、後援を引き受けてくれた地元の在日本大韓民国民団の幹部から意外なクレームを受けてしまった。ソウルのバックストリートが舞台だったので、ハミョンテンダ（なせばなる）のナショナル・スローガンのもとで達成された経済発展を象徴するメインストリートは、ほとんど写し出されていなかった。そのことで、「韓国の貧しい面ばかりを日本人に伝えて優越感に浸ろうとしているのか。もっと韓国の躍進を日本に知らしめる映画を上映してはどうなんだ。それこそが我々が望んでいることだ」との、痛烈な非難を浴びてしまった。在日コリアンには、純粋に作品を鑑賞して欲しいと願う在日ジャパニーズの甘っちょろい芸術論など全く通用しなかったのだ。彼らは、芸術鑑賞とは無縁の抜き差しならぬリアリズムとの直面を余儀なくされていた。そのことに対する配慮の欠落は、若気のいたりであった。

さらに、その李長鎬監督のもとで助監督を務めていた裵昶浩（ベ・チャンホ）が世に出てくる。処女作『コバン村の人々』は、底辺層の人々を描く社会派リアリズムの作品で、李長鎬監督の『風吹くよき日』、『暗闇の子供たち』などの流れを汲むと言ってよいだろう。コバンとは、バラック建ての小屋のことで、コバン村（トンネ）は、そのような小屋が密集するスラム街のことである。その貧民街は、山の上の方にあって、月に近いので、タル（月）・トンネとも呼ばれた。オリンピックの開催決定を機にソウルの再開発が実行される過程で、取り壊されて行った地区である。そこの住民たちは、ある者はすずめの涙程度の補償金を貰ってソウル郊外の新興住宅地光明や高陽に引越し、ある者は再開発に反対して居座り続けた。立ち退きが完了し再開発されたあかつきには、ソウルの中産階層の住むことになる近代的なアパートメント・コンプレックスが建つ予定であった。

この３人の監督の作品群に共通するのは、従来のように、市井の人々の基準をはるかに越えたスーパー・ヒーローを描くのではなく、どちらかと言えば標準を下回るアンチ・ヒーローを中心に据えた点にある。それは、『イージーライダー』に代表される１９７０年代アメリカ映画界の新しい波の余波であったとも言えよう。

もう一つの共通項は、実は３人とも低辺層の出身ではなく、ミドルクラスもしくはアッパー・ミドルの家庭に育った点である。河吉鍾は、カリフォルニア大学で映画理論を学びフランシス・コッポラとも交流した経験を持つ。李長鎬は弘益大学、裵昶浩は延世大学と、韓国では名門とされる大学で教育を受けている。中産階層が労働者階層にシンパシーを持ちつつその階層の日常を描くという「地位下降現象」（Class Degradation）は、韓国社会に生まれた文化的成熟を象徴していた。こうした流れは、韓国映画界では、「ニューシネマ」、あるいは「ニューウェーヴ」（ヌーヴェル・ヴァーグ）と称された。彼らは、韓国映画の後進性と停滞を打ち破って、韓国社会にいくつものアンチテーゼを叩きつけて見せた。

コメリカン・パワー

1960年から1970年代末までの20年間に、韓国からアメリカに留学した者の数は約1万8000人であった。それが、1979年10月26日、朴正煕《パク・チョンヒ》大統領が腹心の部下に暗殺されたときから事態は劇的に変わって行く。その後政権を握った全斗煥《チョン・ドゥファン》大統領は、光州事件などをはじめとするダーティなイメージを払拭するためのポピュリズムの一策として、海外留学を自由化したのである。その結果、博士課程だけで約2万人の韓国人留学生がアメリカに在籍するという状況が、1980年代半ばに生まれることとなった。これは、カナダに次いで世界第2位である。

その自由化に伴い、アメリカ在住の韓国人の数自体も増えていた。当時、アメリカの日系はおよそ70万人であったが、韓国系は１００万人を越えていた（２０１０年米国勢調査では１７０万人）。しかも、日系人の多くが企業の駐在員で、自らの意志でアメリカにきたのではないのに対し、韓国系の多くは、自らの意志で新たな生活を切り開くために、ある者は家族を祖国に残し、ある者は家族を引き連れてアメリカにやってきていた。彼ら在米韓国人は、かつて歴史に翻弄され日本海を渡った在日韓国人たちとは違い、自らの未来を切り開くべく太平洋を渡ったのであった。

１９７０年代初期にアメリカに移民してきた韓国人は、露天商、清掃人、小売業の店員、食堂の従業員などが主な仕事で、住居は黒人街に構えるしか選択肢がなかった。しかし、徐々に勢力を拡大しコリアン・タウンを形成して行った。その中で成功した者は、治安の良い郊外に引っ越した。それでもコリアン・タウンの韓国人の数が減らなかったのは、一人出て行けば一人入ってきたからであった。韓国人にとってアメリカは、成功が待ち受けている「約束の地」（the Promised Land）のごとく思えたであろう。彼らは夢のかたちこそ違え、祖国から「アメリカン・ドリーム」を求めてフロンティアの大地を踏んだ人たちであった。

こうして多くの韓国人が、少しでも社会階層の梯子を昇ろうとする上昇志向を携えて、

「約束の地」へと雪崩れ込んだ。そして「永住権」(green card) を取得した韓国系アメリカ人及び永住権の獲得に奮闘するコリアンは、「コメリカン」(Komerican) と総称された。10年後、K - POPが黒人音楽を取り入れていこうとする際、このコメリカン・ヒップ・ホップ・アーティストたちが重要な役割を果たすことになる。

『ディープ・ブルー・ナイト』

原作崔仁浩《チェ・イノ》、監督裵昶浩《ベ・チャンホ》、主演安聖基 (アン・ソンギ) という韓国映画界の最強トリオが一同に会し、全篇アメリカ・ロケで制作された映画が『ディープ・ブルー・ナイト』である。安聖基の相手役のヒロイン役には、当時アメリカで暮らしていた張美姫 (チャン・ミヒ) を起用している。安聖基は、知的で穏やかなイメージをかなぐり捨てて、アメリカ社会で成り上がるためには、平気で嘘もつくし、暴力も振るうマッチョなコメリカンを演じ切っている。張美姫《チャン・ミヒ》も従来の紋切り型で作為的であった演技から脱皮して、円熟味さえ感じさせる抑えた演技で、作品のクォリティを高めている。

アメリカで一旗挙げて、妻を呼び寄せ、幸福な生活を新天地で築こうと太平洋を渡った安聖基演ずるペクは、永住権が入手できれば報酬を払うという契約のもと、過去の結婚によって既に永住権を獲得していた張美姫演ずるジェーンと偽装結婚する。彼らは、移民局の調査の目をごまかすために、一緒に生活を始める。ジェーンは、永住権を求める外国人との偽装結婚によって報酬を稼ぐという綱渡り的生活に疲れを感じ始め、一人娘に優しく接してくれるペクに本当の愛情を抱くようになる。ペクの心をつなぎとめようと嘘の妊娠を告げたジェーンだが、ロスアンジェルスのコリアン・タウンのスーパーマーケットで真面目に働き、登録名をグレゴリー・ペクとするなどして何とか永住権を得ることに成功したペクは、早く妻を呼び寄せたい。次第にジェーンが邪魔になり、殺意を抱くようになる。ペクはジェーンをデス・バレーに誘い出し殺害を謀るが、逆に殺意を察知していたジェーンによって銃で頭を撃ち抜かれてしまう。後を追うように自分の頭に銃口を当てたジェーンの姿がアップになったところで、映画は終わっている。

『ディープ・ブルー・ナイト』は、コメリカンたちの夢と、その夢の実態を浮き彫りにしている。韓国社会を一切画面に映し出さず、当時の韓国と韓国人のエネルギー量の大きさを伝え

きり、加えて、韓国社会の問題点をも鋭く抉り出して見せた韓国ニューシネマの代表作だ。冒頭、ペクの運転するオープンカーが疾走するシーンの背後に「ハイウェイ・スター」が流れた瞬間、これまでの韓国映画にはなかったポップなグルーヴを感じたものだ。『ディープ・ブルー・ナイト』は、1985年の韓国で最高興行成績を挙げた作品であると同時に、大鐘賞優秀作品賞を獲得しその芸術性をも高く評価された。韓国映画が世界的広がりを持ち得る可能性を、世に示した一作である。

忠武路の象徴としての安聖基

1980年代の韓国ニューシネマ界において、そのペルソナとも言える俳優が安聖基《アン・ソンギ》だ。彼は、1952年、朝鮮戦争のさなか、一家が住み慣れたソウルを離れて馬山へ疎開する途中、母親が大邱で産気づき、その地で生まれている。

国土を焼土と化した朝鮮戦争が終わり、人々は焼け跡から立ち直ろうと懸命に働いた。そんなとき、映画は人々の希望であり生きる糧であった。疎開地からソウルに復帰した映画屋たちは、鐘路から忠武路に移り始め、そこを映画の新たな本拠地と定めようとしていた。事務所が手狭であったり、電話すら引いてない場合も少なくなかったりで、俳優や監督や技術スタッフたちは、よく周辺の喫茶店で打ち合わせをした。「大極茶房」、「スター喫茶」はその代表的存在であった。さらに、映画人たち御用達の旅館、飲食店、酒場などが立ち並び始めると、忠武路は不夜城の様相を呈した。そして、韓国俳優専門学院が設立されると、韓国中から俳優志望の若者が押し寄せるようになり、忠武路は、１９８０年代末に至るまで、映画界の代名詞として機能した。

安一家がソウルに戻ってしばらくした１９５７年、聖基少年は、映画『黄昏列車』で子役として銀幕デビューしている。映画人であった父親が友人の金綺泳（キム・ギヨン）監督の５作目に、聖基を登場させたのであった。さらに、同監督の１９５９年作品『十代の反抗』に出演した聖基は、子供離れした表現力が評価されて、第４回サンフランシスコ映画祭で少年特別演技賞を受賞している。５歳から高校時代まで53作に出演した聖基にとって、まさに忠武路が学校だったと言っても過言ではなかった。彼は、その地の熱気を体一杯に吸い込んで育って行った。

１９７０年に韓国外国語大学ベトナム語科に入学した安聖基は、その後の約10年間、完全に忠武路から姿を消し、普通の学生生活を送り、兵役の責務も果たす。当時はベトナム戦争の真っ只中で、韓国は多くの若者をベトナムに派兵し、アメリカから多額の経済援助を得ていた。そして、韓国とベトナム間の経済交流はベトナム特需を生み、韓国の近代化に大きく寄与した。

　安聖基は、大学３年次に軍部のエリート養成制度である「予備役将校訓練課程」（ＲＯＴＣ）に志願して、自身の未来地図をベトナムの地の上に描き始める。ＲＯＴＣとは、大学３年次、４年次に軍事関連科目を取得し、夏・冬の休みに実践訓練を受ける制度で、卒業後は少尉となることが約束されている。任務を果たした後、除隊時には中尉に昇格し、その後は大企業への就職も極めて有利になるため人気がある。安聖基は、「ベトナムに行って大企業に就職すれば、広報部のような面白い仕事があるのではないかと思った」[21]と告白している。しかし、彼の夢は、１９７５年、サイゴン（現ホーチミン）が陥落し米軍がベトナムから撤退したとき、音をたてて崩れてしまう。後日、冗談めかして、「自分を俳優にするためにベトナムが解放されたんだ」[22]と友人たちに語ったと言われている。

　１９７０年代の韓国には、表現の自由がほとんどなかったことは、すでに述べた。映画界も例外ではなかった。安易なラブストーリー、外国映画の配給割当を確保するために制

作された文芸映画、あるいは軍部のおぼえめでたき反共映画、国策宣伝のための啓蒙映画などに溢れ、韓国映画は深い影の下で停滞していた。もの心ついた安聖基青年には、一生を捧げる場所のようには思えなかったに違いない。

それが１９８０年代になると、非現実的なテーマが反乱する映画界に、一条の光が射し始める。そして、その光こそが、現実的なテーマを掲げ、そこに監督や役者のメッセージを盛り込み、映画で社会を変革していこうとした前述の「ニューウェーヴ」運動であった。もちろん、全斗煥政権は、そんな動きを常に警戒し、検閲も強化していたが、弾圧に容易には屈しない強かさが忠武路に甦ってきていた。

その韓国映画界のルネサンス的展開は、他の領域での自由化とも連動していたであろう。１９８２年には、解放以来36年間も続いてきた夜間通行禁止令が解除され、人々は帰宅時間を気にすることなく、ナイトライフを楽しむことができるようになった。１９８３年には、中高生の制服や頭髪が自由化された。ティーンエイジャーがお洒落を楽しむというごく自然な欲求も満たされるようになったのである。映画は、自由化を謳歌する新時代の人々が余暇を楽しめるだけの娯楽性と芸術性、加えて、攻撃性を身に纏おうとしていた。

安聖基が忠武路に戻ってきたのは、１９７９年も終わりを告げ、新たな「10年間」の夜明けがもうすぐのところへきていた頃であった。そして彼は、その「10年間」に同化するかのように、瞬く間に時代のアイコンとなって行った。このように、韓国の1980年代が持つ時代性と不可分の関係にあった俳優安聖基は、以下のように、その時代と自分との関係性を語っている。

今、振り返って思うと、あの時代が俳優としての自分のイメージと一致したんだと思いますね。もし、他の時代に演技を始めていたら、そのまま埋もれていたかも知れません。80年代の作品の中には、強烈な存在感で観客にアピールするようなものも、あることはありましたが、大部分は社会の底辺でもがき苦しんでいる、言いたいことも胸を張って言えないような役柄を演じていたんですよね。時代がまさにそんな人物像を求めていて、それが、私という個性にうまくはまったということでしょう。[23]

8. 韓国歌謡が海峡を渡ってきた日

「釜山港へ帰れ」

趙容弼（チョ・ヨンピル）の歌う「釜山港へ帰れ」は、誰に向って帰還を呼びかけているのかが、当時日本でも少しばかり話題になった。黄善雨（ファン・ソンウ）作詞・作曲によるこの歌は、帰還の呼びかけ相手を誰と特定しているようであり、そうでないようでもある。素直に聴けば、離れ離れになった兄弟に向けての言葉と聞こえる。しかし、その兄弟を、植民地時代及び解放後日本に渡った在日同胞にオーバーラップさせれば、彼らの祖国への帰属意識を高揚させる歌だとも解釈できる。作品の表現者である趙容弼は、「トラワヨ・プサン・ハンエ」[24]の叫びに、以下のような想いを込めたと自伝で述べている。

日本に住んでいる朝鮮総連系の多くの同胞が毎年、旧暦の8月15日、夕秋墓参のために韓国政府の特別の計らいで、母国の地を踏む。この人たちは、ほんとうに久しぶりに故国の地を踏むことになった人が多い。故国を求める彼らの心と、彼らを迎える私たちの心が一つになる。感動的な出会いの瞬間——その場面の感情のありったけが、

この一曲に凝縮しているのだ。「釜山港へ帰れ」は、全国にこだまする同胞のうねりに乗ったのだ。[25]

韓国演歌特有の四分の二拍子であるトロットではなく、引きずるようなエイトビートに乗せて、情念がほとばしる趙容弼の歌声は、海峡を越えて在日同胞に訴えかけ、歌詞に無頓着な日本の演歌ファンの心さえも捉えた。「ロック演歌」、そんな音楽のジャンルがあるなら、この曲にこそ相応しいだろう。いまでもカラオケでこの歌の日本語バージョンをうなる日本のオヤジは結構多い（筆者もその一人）。いくら歌詞の内容が男女の情愛にすり替えられているとはいえ、韓国歌謡が日本において国民的レベルで受け入れられたという意味で、歴史的ターニングポイントを記す曲となった。

「朝露」

金敏基（キム・ミンギ）の「朝露」は、経済発展と自由化程には進まない民主化への渇望と抗議を象徴する歌とされている。金敏基は、１９７０年に「朝露」を書いたが、彼としては、ことさら政治的な意味を持たせたわけではなかったと言う。それなのに、歌詞が反体制的という理由で、音楽活動を停止させられてしまった。しかし、そのことが逆説的に金敏基というシンガーソングライターを金芝河（キム・ジハ）と並ぶ民主化の象徴に仕立てるように作用した。音楽活動の停止という作者への理不尽な処分に、人々は反発し、作者が意図しなかった政治的な意味を「朝露」に付与して行ったのだ。

治安当局に連行された金敏基は、兵役は38度線の最前線に向わされた。そして、除隊後も数年間の雌伏を強いられた。その間、民主化運動は徐々に進み、そこでは、色んな人たちによってそれぞれの解釈による「朝露」が口ずさまれるようになり、反骨のシンガーは、韓国民主化運動のカリスマ的存在となった。

１９８０年代のソウルや光州での民主化運動では、「朝露」はいつもその傍らにいる歌となっていた。そんな光景の一例は、社会派映画監督朴光洙（パク・クァンス）が１９９５年に撮った『美しき青年ジョン・テイル』の中に、鮮やかに切り取られている。民主化運動弾圧に対する義憤の念から焼身自殺した仲間への弔意を示すため、喪章をつけでデモ行進する若者たちが、誰からともなく「朝露」を歌い出し、大合唱となって行く。こんなふうにこの歌は歌い継がれてきたと分る印象的なシーンである。日本でも、在日韓国人2世歌手の李政美（イ・ジョンミ）によって歌われた。そこでは、韓国の民主化への熱き思いに、在日コリアンの民族闘争への思いが重ねられていよう。

朝露

長い夜をあかし草葉に宿る
真珠より美しい朝露のように
心に悲しみが実るとき
朝の丘に登り微笑みを学ぶ

太陽は墓地の上に赤く昇り
真昼の暑さは私の試練か
私は行く荒れ果てた荒野へ
悲しみ振り捨て私は行く[26]

2012年の早春、明洞のミュージック・コリアで一枚のCDアルバムに出会った。任宰範（イム・ジェボム）の2011年のリメイク・アルバム『フリー』がそれだが、その中に入っていた「朝露」の歌唱にはぶっ飛んでしまった。トム・ウェイ

ツばりのスモーキー・ヴォイスとその歌唱力には脱帽だ！「朝露」は、時の流れに風化されずしぶとく生き残り、現在の韓国でもオン・タイムの曲なのである。今でも、韓国のカラオケでは、おじさまたちが最も好んで歌う曲だそうだ。それは、この歌が単に昔の学生時代へのノスタルジアを掻き立てるのみならず、現在の韓国にもオーバーラップでき得る普遍性を有しているからこその現象なのであろう。「朝露」が発する１９８０年代産のアドレナリンは、今も韓国人たちの荒ぶる心を掻き立てる何かを持っているのだ。

「ああ！大韓民国」

金敏基《キム・ミンギ》の「朝露」が１９８０年代韓国の影の部分を象徴していたなら、丁秀羅（チョン・スラ）の「ああ！大韓民国」は、発展目覚しい韓国の光の部分を象徴していた。ソウル・オリンピックを直前に控え、今まさに先進国に仲間入りしようとする韓国の若々しい息遣いを感じたものであった。その頃には、日本でも韓国の歌番組がテレビ放送されるようになっており、日曜日のお昼にはよくそういった歌番組を観た。最後は、出演者全員がステージに登場し、丁秀羅がリードする「ああ！大韓民国」をみんなで合唱するのが定番で、存在的には、ちょうど東京オリンピック前、日本人が昼夜を問わず口ずさんでいた三波春夫

の「東京五輪音頭」に匹敵しよう。

韓国全体の沸き立つような高揚感が伝わってくる「ああ！大韓民国」の大合唱につられて、ときには「アー、ウリ、テハンミングク（大韓民国）、アー、アー、ウリチョグク（我が祖国）」[27]と口ずさむ自分がいた。そのときはじめて、少しではあるが確実に有していた韓国へのわだかまりを払拭して、アメリカの準国歌とも言える「我が祖国」（〝This Land Is Your Land〟）を歌うのと同じポップな感覚で、韓国賛歌を自分の中に受け入れたことを実感した。しかし、そのハミングを聞いた周囲の人たちは困惑した反応であった。

最近、テレビでK-POP番組を見ていたとき、驚いたことに、フィナーレで韓国のイケメン・アイドルや美脚アイドルたちがステージ上に出そろって、懐かしい「ああ！大韓民国」を歌い始めた。約30年の時を経ても、この歌が韓国人にリアルタイムで愛されていることが確認できて、ガラにもなく感動してしまった。

ちなみに、当時の女性歌手では、はじけるようなダンシングアイドルとして登場してきた金完善（キム・ワンソン）が一番のお気に入りであった。現在彼女は、韓国アラフォー世代のカリスマ・セクシークィーンとして再び不死鳥の如く蘇り、「韓国のマドンナ」と称されている。１９８０年代の韓国歌謡は、いまだ懐メロになってはいないのだ。

９．ソウル・オリンピックの意味論

ソウル開催が韓半島に及ぼしたパワーバランス

１９８１年9月30日、西ドイツのバーデン・バーデンで開かれていた国際オリンピック委員会（ＩＯＣ）総会で、大番狂わせが起こった。そこでは、１９８８年に開かれる夏季オリンピック大会の開催地を決める投票が行なわれていて、状況はソウルと名古屋の一騎打ちだった。予想では、名古屋の圧倒的有利が囁かれていたが、サマランチＩＯＣ会長の読み上げた開催地は「ソウル」であった。この敗北に茫然自失の日本側誘致代表団の他に、もっと唖然として顔色を失くした国家があったはずだ。それは、北朝鮮に違いなかった。「アジアに東京に次ぐ五輪の火を！」、「発展途上国にもチャンスを！」、「平和の祭典によって韓半島に緊張緩和を！」といった、五輪の根源的意味への適合性を訴えた戦略が、開催に際してのもう一つの重要なファクターである経済的側面の不利を跳ね除けたかたちとなった。北朝鮮が期待をかけていた、他の社会主義諸国のソウル開催阻止の運動は、実質的に資本主義陣営の日本を推すという自己矛盾を孕んでいたため、いまひとつ盛り上がらなかった。そこで北朝鮮は、「コリア・ピョンヤン ― ソウル・オリンピック競技大会」の共催を提案するなどして抵抗を見せた。しかし、そんな資金など何処にもなかった。こうした状況で、あの事件が起きてしまう。

大韓航空機爆破事件

大韓航空（ＫＡＬ）８５８便爆破は、韓国の単独オリンピック開催が確定的になってしばらくした１９８７年11月29日に起こった。北朝鮮工作員の金勝一（キム・スンイル）と金賢姫（キム・ヒョンヒ）が実行犯であったこのテロは、ソウル・オリンピック開催まで10ヶ月時点でなされた。この事件とソウル・オリンピックとの関係性は、鄭建燮（チョン・ゴンソプ）によるノンフィクション小説『真由美最後の証言』に詳しい。以下は、その本からの引用である。

金正日《キム・ジョンイル》は、朝からイライラしていた。（中略）あと何時間後かに伝えられる結果を聞くまでは落ち着いていられなかった。（中略）はじめから、共同開催は不可能と思っていた。現在に至っても、オリンピックの一部でも招聘するだけの施設が完備されていないし、それをして行くだけの財政の後ろ盾にも自信がなかったのである。（中略）しかし、なにはともあれ、近づくオリンピックを、腕組みしたまま傍観しているわけにはいかなかった。[28]

金正日が命を下した爆破という結果は出た。彼は、これで韓国のオリンピック開催はなくなると思ったはずだ。しかし、北朝鮮にとって唯一の誤算は、金勝一が自決に成功したのに対し、金賢姫は自決に失敗して生き残り、身柄を韓国に拘束されたことであった。そこから、韓国側の粘り強い取調べと聞き取り調査が開始された。

金賢姫は、躍進するソウルの発展ぶりと自由を謳歌する暮らしぶりを見せられて、幼いときから平壌で受けた教育に疑問を感じ始める。そしてついに、頑なに閉ざした心を少し

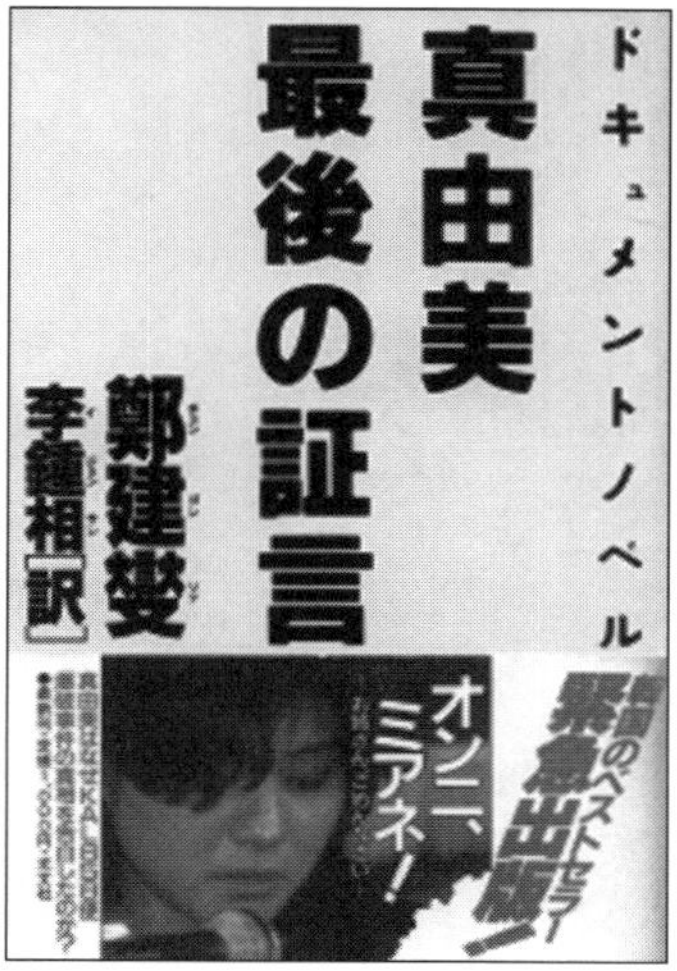

ずつ開いて行き、1988年1月15日、「(テロ工作ミッションのために与えられた) 真由美という仮面を脱いだ金賢姫は、すべての韓国国民が見守るなかで最後の証言をしていた」。[29] 金賢姫の「オンニ、ミアネ (お姉さん、ごめんなさい)!」[30] で始まる証言がなかったならば、この事件と五輪開催との関係が世界に伝えられる日の到来は、かなり遅れていたに違いない。

それでもソウル・オリンピックは成功した!

1988年9月17日、ソウル・オリンピックは幕を開けた。しかし、そこに至る過程で、韓国は血の代償 (全斗煥大統領暗殺未遂の結果17人の閣僚が犠牲となったラングーン事件及び大韓航空機爆破事件) さえ払い、なおかつ北朝鮮に対する報復手段を封印し (ラングーン事件の際は、「シルミド作戦」と呼ばれた報復工作が計画されたが、その後南北の融和が進んだことから作戦は中止された)、耐え難きを耐えて開催日を迎えたのであった。

ソウル・オリンピックは、大いなる挑戦であった。狭い国土 (約10万平方キロメートル:北海道より少し大きい程度)、少ない人口 (約4000万人)、乏しい天然資源、脆弱な産業基盤、1970年代までの韓国のどこを探しても、先進国入りを望める要素は何もなかった。加えて、20世紀に36年間の植民地支配を受け、解放後も半島をアメリカとソ連の勢力争いの場とされ、南北対立という火種まで孕まされてしまっていた。

その絶望の淵にいた国が、世界の常識を覆して、僅か約四半世紀の期間で、オリンピック開催に名乗りを挙げるまでに経済復興を果たしたのであった。朝鮮戦争後、世界の極貧国の一つからのスタートを余儀なくされた国が、１９７０年代を通しての国民一丸となった頑張りで優良中進国に躍進を遂げ、アジアで日本に次いでのオリンピック開催を勝ち取った。国民もオリンピック・ムードの沸き立つような熱気の中で、昨日より今日の方が確実に夢に近づいているのを実感できたし、明日への期待は、より大きく膨らんで行った。ちょうど、東京オリンピックの頃の日本人のように。

また、ソウル・オリンピックは、政治的正当性が弱い自国の軍部体制に、国家統合のイデオロギーを提供する手段ともなった。ソウル・オリンピックが1年後に迫っていた１９８７年、学生デモはまだ盛んに行なわれていた。筆者がこの年にソウルを訪れた際も、大学路には催涙ガスの残り香がたち込めていた。軍政府にとって、学生デモによってソウル・オリンピックが開けなくなることは、何としても避けなければならなかった。全斗煥《チョン・ドゥファン》の後継指名を受けた盧泰愚《ノ・テウ》が、民主化宣言を発表した背景には、オリンピックを成功裡に終えるという韓国の悲願の存在も無視できなかったはずだ。実際、この民主化宣言で、激しいデモは取り敢えず終息したのであった。

１９８１年から１９８８年までの韓国の平均経済成長率は、9.3％という高水準を維持した。ピークの１９８６年には、国際収支の黒字46億ドルを達成していた。そして、その集大成としてのソウル・オリンピックが成功を納めたことによって、近い将来における韓国の先進国入りは完全に前景化された。これこそが、ソウル・オリンピックの最上位区分における意味論だったと言えよう。

日韓関係においてソウル・オリンピックの意味論を考えてみると、オリンピックを契機に、日本のメディア報道が、競技だけでなく、韓国の文化、ソウル市民の生活なども扱うようになり、ソウルでの開催決定後芽生えていた日本人の韓国への興味を一気に開花させた点が大きかった。異文化としての韓国を「魅力的」と捉える眼差しが、日本に根づいたのであった。そうした友好的雰囲気の中でＮＨＫの「ハングル講座」も始まった。日本の内閣府調査では、１９８８年、「韓国に親しみを感じる」日本人が「感じない」日本人を、調査開始以来、初めて上回った。

第2章

ワールドカップから日韓新時代へ

1. 民主化から格差是正へ

１９６０年代から１９８０年代にかけての韓国は、経済拡張路線を走り続けた。それでも１９９０年代になると、その経済発展に見合った政治体制の確立及び社会的成熟を目指す気運が国民の間で高まりを見せ、次なるターゲットが明確に「民主化」に設定された。

その民主化をリードした世代を、韓国では、「３８６世代」と呼ぶ。60年代生まれで、民主化運動が激しかった80年代に大学に通い、90年代に30代後半になって、社会をリードした世代である。10年余の時差はあるが、日本における「団塊世代」に相当すると思って貰えば、わかりやすいかも知れない。90年代以降、この世代から、国会議員や大統領府の秘書官が誕生するようになって、この呼び方が韓国社会に浸透して行った。

その「３８６世代」に憧れた世代の女性たちが、21世紀のシビアな韓国社会を生き抜こうとしてもがく傍らで、高校生時代を過ごした80年代を懐かしむ心情が綴られて行く映画が姜亨澈

（カン・ヒョンチョル）監督の『サニー　永遠の仲間たち』である。日本や欧米のベビーブーマーたちが１９６０年代を懐かしむ気持ちに通ずる、韓国版『いちご白書』とでも言えそうな映画だ。

この民主化の過程で、１９９５年、国民一人当たりのＧＤＰが１万ドルを越え、１９９６年、韓国はＯＥＣＤ加盟を果たし、自他共に認める先進国となった。この時点で、世界11位の経済規模を持つ国になっていた。しかし、韓国が克服していない問題があと一つ残っている。それは、「経済の民主化」とも呼ばれる「格差」である。中間階層と労働者階層との間の経済格差是正は、21世紀に持ち越された韓国社会の次なる課題である。加えて、すべての中心がソウルに一点集中する現象は、その他の地域との間に大きな地域格差をも生んでいる。韓国は、その社会構造を求心力構造から遠心力構造にシフトすることを迫られていよう。

2．６・29民主化宣言以後の大統領とその政策

韓国における民主化の基点を、先述の盧泰愚《ノ・テウ》民主正義党代表委員が１９８７年６月29日に発表した「６・29民主化宣言」に置くことに異論を挟む人はいないだろう。なぜなら、

その宣言が時の大統領の意思に反するものであり、国民の民意に押されたかたちで発表されたものだったからである。それまでの韓国では、大統領の意に反する政策が打ち出されるなどということは、想像すらできないことであった。

しかし、盧泰愚が前大統領と同じく軍人であったことから、「6・29民主化宣言」は、民主化の基点ではあっても、実際の民主化運動の出発点として認識されることは、韓国内ではあまりないようだ。その意味では、1993年に文人である金泳三（キム・ヨンサム）が大統領に就任したときこそが、韓国民主化の真の出発点と言えるのかも知れない。

金泳三《キム・ヨンサム》

金泳三は、ソウル大学出身のエリートで、地方の名家の出自を持ち、歴代の韓国の大統領とは肌合いが違った。金泳三文民政権は、軍事政権の残滓を徹底して排除するため、軍の改革に着手した。また、高級官僚の不正追及にも乗り出し、検事総長や警察庁長官が辞任に追い込まれた。加えて、「歴史の立て直し」を主張し、特に日韓の歴史観の修正には精力的に取り組んだ。「光復」50周年を記念して行われた歴史立て直し事業では、日本統治時代の象徴である旧朝鮮総督府解体を実現してみせた。

また、自国の「歴史の立て直し」にも手厳しく、全斗煥《チョン・ドゥファン》、盧泰愚《ノ・テウ》という二人の大統領経験者を、過去のクーデターの首謀や不正蓄財容疑で逮捕した。加えて、この二人に不正献金を行なった容疑で、三星、大宇などの財閥企業トップをも裁判で被告席に立たせた。これら一連の粛正を、金泳三は「名誉革命」と呼び、国民の多くは、政財界の癒着構造にメスが入ったことに溜飲を下げた。反面、経済政策面では、国民の期待に応えたとは言い難かった。イデオロギーには強くても経済には疎い文人の一般的傾向は、金泳三とて例外ではなかった。経済再建は、次の金大中政権に先送りされた。

金大中《キム・デジュン》

金大中は、１９９７年12月の大統領選に野党統一候補として立候補し、前政権の経済失政への批判票を取り込み、大統領に就任した。金大中が大統領になるまでの道のりは、平

坦なものでは決してなく、苦難に満ちたものであった。民主化運動を指導したゆえに、命の危機にも晒され、獄中生活を余儀なくされつつ、紆余曲折を経て大統領の地位に登りつめたのであった。しかし、その苦難の道のりこそが、彼に政治家としてのカリスマ性を与えたとも言える。

金大中が大統領に就任したのは、アジア通貨危機の直後であり、国内には経済的な不安が募っていた。金大中政権は引き続き国際通貨基金（ＩＭＦ）の介入を受け入れた上で、経済改革に着手した。特にＩＴ産業奨励をもって経済建て直しを図り、その再建策は、国内外から「ＩＴ先進国」と呼ばれるまでに功を奏した。そしてその延長線上で、三星電子は世界のサムスンに成長したのであった。しかし、急激な産業構造の転換は、さらなる格差拡大を招いてしまった。

金大中は、文化政策にも一石を投じた。それまで規制されていた日本大衆文化の段階的開放を宣言したのである。その結果、日本のＪ‐ＰＯＰが韓国の音楽市場に入り込み、Ｋ‐ＰＯＰの発展に一定の影響を与えた。現在のＫ‐ＰＯＰシーンのＲ＆Ｂ及びＨＩＰ‐Ｈ

ＯＰ指向は、アメリカからの直接的な影響とは別に、黒人音楽のエッセンスを巧みにシュガーコーティングして一級のポップスに昇華していた安室奈美恵やＳＰＥＥＤ（日本のアイドル界最後の実力派グループ）を強く意識した辺りから顕著になってきた現象である。

金大中政権は、北朝鮮に対しても、一貫して友好政策を堅持した。２０００年6月、平壌で史上初の南北首脳会談を実現させて、金正日と共に「南北共同宣言」に署名した。こうした金大中の対北政策は「太陽政策」と呼ばれ、それが世界で評価され、その年の10月、ノーベル平和賞を受賞した。しかし、南北首脳会談の実現のために巨額の資金が北朝鮮へ渡ったことが後に判明すると、「ノーベル平和賞を金で買った」などと揶揄されもした。国民の間には、強大な権力が大統領に集中するゆえに、その権力周辺に蔓延る利権構造に辟易し、次の大統領こそは清廉潔白な人物を望むような雰囲気が醸成されて行った。そんな時代の空気にぴったりフイットしたのが盧武鉉（ノ・ムヒョン）という政治家であった。

盧武鉉《ノ・ムヒョン》

２００２年12月の大統領選挙で勝利した盧武鉉は、軍の幹部でもなく、名門の大学を出たエリートでもなく、カリスマ性を持つ民主化運動家でもなかった。権威主義が蔓延る韓

国社会においては、庶民派政治家の大統領就任は画期的なことであった。それゆえに、国民の間では、韓国最後の課題である社会格差是正への期待がこれまでになく高まった。

　盧武鉉は、貧しい農家の出身で、苦しい家計を思い、一度は高校進学さえ諦めるが、兄の強い説得と助力で釜山商高に進学した。高校を卒業後、自力で国家試験に合格し弁護士となった。そして、光州事件を期に、社会的弱者の立場に立った人権弁護士を目指し、労働者の解雇や低賃金問題に深く関わった。そんな盧武鉉が、自身の信念を貫き通して、国会議員になり、そしてとうとう韓国社会の頂点である大統領にまで登りつめたのである。彼の成功物語は、大学を出ていなくても、頑張れば出世できるのだという夢を、韓国中の労働者階層や若年層に与えた。

　盧武鉉こそ、韓国が成熟化社会へ移行して行く際の最大阻害要因である学歴主義、権威主義を打破して、公平な社会を実現するには最適な大統領だと人々は考えたのであった。それに対して盧武鉉は、「過去清算」というかたちで答えようとした。彼の言う清算すべき過去については、次の彼自身の言葉がその内容を端的に言い表していよう。

世の中にどんな不正があっても、あるいは不義が目の前で起こっても、そして強い者が不当に弱者を踏みつけていても、知らんふりをして、顔をそむけなければなりませんでした。目をつぶって、耳をふさいで、命乞いをして、卑屈な生き方をした人々のみ、ご飯を食べて行くことができた６００年の歴史でした。[1]

盧武鉉は、「３８６世代」を重要なポストに起用し、植民地時代から軍事政権期に至る全ての過去清算事案の真相究明や責任の追及を敢行し、補償を行うための過去史基本法を成立させ、全斗煥《チョン・ドゥファン》元大統領ら１７０人の叙勲を取り消した。

また、映画監督李滄東《イ・チャンドン》を文化観光部長官（大臣）に登用し、映画界にも「過去清算」の一翼を担わせようとした。この開放的な文化政策により、かつて扱うことをタブー視されていたテーマ、例えば朝鮮戦争、光州事件、政府による言論統制などを扱うことが可能になり、その結果、韓国映画界は、数々の名作を世に送り出すこととなった。本書では、多くの韓国映画と韓国の歴史的事象とを関連づけて説明している。それが可能なのは、歴史検証を自らに課せられた使命の一つと位置づけて作品を撮り続ける韓国映画界の肝の坐り具合が、筆者の筆力の乏しさを補って余りあるからだ。

しかし、その一方で、盧武鉉政権の経済政策は残念ながら失敗だったと言わざるを得ない。実務よりイデオロギーが優先する究極のアマチュアリズムに支えられた政権は、過去の清算にはある程度成功したかもしれないが、それを市井の人々の明日の暮らしに繋げる方法論を持たなかった。加えて、外交政策は、「NGO（非政府組織）政権」と皮肉られる盧武鉉政権のもう一つのアキレス腱であった。盧武鉉は、北朝鮮が攻めてくるより日本が竹島を奪い返しに攻めてくる確率の方が高いと考えていたかのような非現実的な国防感覚で、日本海（東海）の警備強化を命じた。

この大統領の発言に引きずられるかたちで、韓国マスコミは、南北休戦ラインよりも竹島周辺の緊張を好んで伝えるようになり、板門店で北の脅威に対峙する国軍将兵よりも、竹島付近で南をキッと見据える武装警備隊の方が、テレビのニュースに登場する頻度が高くなってしまった。

日本の韓国ウォッチャーの第一人者黒田勝弘は、いつも日本を過剰に意識し、敵視するこの韓国の体質を「日本離れできない韓国」[2]と皮肉っぽく表現した。

『シークレット・サンシャイン』

２００７年、文化観光部長官李滄東《イ・チャンドン》が監督した『シークレット・サンシャイン』は、キリスト教徒が30％を占める韓国社会においては、リスキー過ぎるキリスト教批判映画である。このようなスタンスの映画制作は、大統領の政治的後方支援なしでは、到底実現できなかったはずだ。

韓国南部の何の変哲もない地方都市の密陽が舞台である。「シークレット・サンシャイン」はこの密陽の意訳となっている。夫を亡くしたヒロインのシネが、一人息子を連れて夫の故郷へと引っ越してきたところから物語は始まる。しかし、その息子は誘拐され、挙句の果てに殺害されてしまう。その絶望の淵から這い上がろうとしてシネが救いを求めたのが「神」の存在であった。信仰によって彼女は精神的に落ち着きを取り戻し、息子の誘拐犯に「赦し」を与えてもよいと思える程の心境に達する。そこでシネは、服役中の犯人に面会して「赦し」を与えようとするが、犯人は獄中で「神」に出会い、すでに「赦し」を得ていると答える。必死にもがき苦しみやっとのことで到達した宗教的境地なのに、「神」が先に罪人を「救済」していたことで、シネは「神からの冒涜」を受けたと感じてしまう。そして、シネは、今度は自らが「神を冒涜」するような行為に走る。信仰に誘った女性の夫を誘惑して肉体関係を持ってしまうのもその一例である。それは、「神」に対するシネの復讐であるかのようだ。「神の教え」と「世俗の条理」との間の軋みを自己矛盾として抱え込んでしまった苛立ちを、体の底から絞り出すように表現するシネ役全度妍（チョン・ドヨン）の迫真の演技は、観る者の心に突き刺さる。

それでも、この映画は絶望のまま終わっていない。映画における真の「救い」は、密陽に引っ越そうと運転してきたシネの車が故障し、それを修理したことで、その後も世話を焼き続ける自動車修理工場の社長・ジョンチャンが担う構図となっている。ときにはシネからウザったらしく思われながらも献身的に尽くすジョンチャンを、韓国映画界一の個性派男優宋康昊（ソン・ガンホ）が好演している。ジョンチャンをシネが最後には受け入れたであろうことを暗示するラストシーンは、シネの「再生」を仄めかしていよう。最も「神」から遠い世俗的存在として描かれていたジョンチャンが、シネにとって最も「神」に近かったという宗教批判的暗喩を残して、この映画は終わっている。

このラストシーンは、いまにも消えてしまいそうな淡い陽だまりの中で撮影されているが、タイトルの「シークレット・サンシャイン」を想起させようと李滄東監督が仕掛けた演出に違いない。日本の行定勲監督は、このシーンについて、以下のように言っている。

私は神の存在を実感したことはないが、人間はそんな不確かなものに翻弄されて生きるものかも知れない。ラストシーンは、固唾を呑み、感涙してしまう自分がいた。[3]

盧武鉉は２００８年に任期５年を全うして大統領を退任したが、その後、自身の側近・親族が相次いで逮捕された。その中でも、盧武鉉の実兄が世宗証券の買収を韓国農協幹部に働きかけ、その見返りを得ていた事件は、大統領の名誉を著しく傷つけた。さらに、盧武鉉自身も捜査対象となり、不正資金疑惑について、包括収賄罪の容疑で事情聴取を受けた。韓国大統領史上最も清潔な大統領と言われた盧武鉉でさえ、韓国的血縁主義から脱することができなかったのである。その後、逮捕も近いのではと思われていた矢先、盧武鉉は自ら命を絶ってしまった。大統領は「神の赦し」を乞おうとは思わなかったのだろうか。

李明博《イ・ミョンバク》

１９４１年、大阪市平野区生まれ。１９４５年まで日本での通名は月山明博（つきやまあきひろ）。日本の敗戦を期に、家族は下関から船に乗って解放に沸く祖国を目指したが、対馬沖で船が難破し、命からがら釜山に着いたと言う。そして、何とか家族が一丸となって、慎ましいながらも安定した生活を確保したと思った途端、今度は朝鮮戦争によって一からの出直しを余儀なくされている。貧しさは、李明博《イ・ミョンバク》の家庭にはいつもつきまとっていたが、「父親は決して誇りと自尊心を失くさなかった」[4]と、自伝 *The Uncharted Path* で述べている。こうした意味において、李明博の幼少期は、まさに近代韓国史を生きるようなものだったと言える。

李明博は、２００７年12月19日、対立候補を圧倒的大差で破り、悲願の当選を果たした。彼の打ち出した経済回復政策は、「韓国７４７計画」と銘打たれ、毎年平均7%の経済成長、一人当たり4万ドルの国民所得（２０１０年時点で日本のそれは4万２８２０ドルで韓国のそれは2万５９０ドル）、そして韓国を世界7大経済大国にするというものであった。

その李明博政権の対日政策は、歴代の韓国大統領に比べて、現実的な発言が目立っていた。「わたし自身は新しい成熟した韓日関係のために、『謝罪しろ』、『反省しろ』とは言いたくない。日本は形式的であるにせよ、謝罪や反省はすでに行っている」[5]とし、日本の外交スタンスに対して、一定の評価を与えていた。一方で、「独島は韓国の領土となっている以上、日本もそう考えて欲しい」[6]とも発言し、日本政府に未来志向的な理解を求めてもいた。

李明博はまた、英語教育に非常な熱意を持ち、英語の重要性を国民に訴えた。この大統領の方針を背景にして、英語は、韓国の国民全員に要求される社会的スペックとなった。筆者は、日本の地方大学で英語を教えているので、日本人学生と韓国人学生の英語力の差が歴然としているのは、日々の講義で実感するところだ。日本人学生がＴＯＥＩＣで８００点をとれば、教員はその学生の英語力に一目置く。しかし、韓国人学生は、８００点では満足しない。実際、そのスコアでは、韓国内の一流企業への就職は絶望的である。サムスンなら、９００点ないとエントリーシートさえ出せないらしい。

国内市場規模が小さい韓国（４０００万人）では、主要市場を自国に頼っていては、大きな発展は望めない。そこで韓国企業は、世界を主要市場と捉えて企業活動を展開し始めた。それを軌道に乗せるには、「国際共通語としての英語」（English as an International Language）のスキルが不可欠であった。かくして英語は、韓国にとって、小規模国内市場というディスアドヴァンテイジを高い国際競争力というアドヴァンテイジに変換するツールとなった。少子化の進む日本でも、これまでのように1億２０００万人というそこの市場規模に頼れなくなる日の到来は自明である。今後は、韓国と同じくグローバルなビジネス展開を余儀なくされるだろう。日本でも誰もが英語を仕事場で常態的に使う時代は、そこまできている。

『英語完全征服』

2003年の金性洙（キム・ソンス）監督作品『英語完全征服』は、グローバル化に突き進む韓国の英語熱をコミカルに描いた青春映画だ。25歳のイケてない女性地方公務員ヨンジュは、職場の飲み会で、上司から命を受け英会話学校に通うハメになる。そこには、グローバル化に対応し切れない中間管理職の男性、いつの日か彼女ができたら英語でプロポーズすると決めているお調子者のデパート販売員、海外旅行のために英語をマスターしたい有閑マダム、さえないオタク風の中年男性などがいる。

状況は日本の英会話学校とほぼ同じで少しホッとするが、英語ができないと落ちこぼれて

しまうシリアスな韓国社会の現実は、例え映画からとは言え、ひしひしと伝わってくる。ＩＴ産業と英語教育に国の命運を託したかのような韓国の現状を知るには格好の映画と言える。男も英語も完全征服しようとする肉食系韓国女子ヨンジュ役を、清純派の李奈映（イ・ナヨン）が演じており、彼女のこれまでの殻を破る好演ぶりが光る。

手堅い経済政策、親日的で穏健な発言、先進的な教育方針など、その政治手腕が一定の評価を得ていた李明博が、２０１２年8月、突如韓国大統領としては初の竹島上陸を実行した。左派政権ならともかく、保守で右派の李明博がなぜこの時期に上陸したのかを巡っては、いろんな憶測が飛び交う。

李明博政権の支持率は、低下の一途を辿っていた。過去の韓国の政権は、国内での支持率が下がると、日本との外交問題を持ち出して反日感情を高揚させ、人気を回復しようとしてきた。今回の大統領の竹島上陸後も、一時的とは言え、支持率が10％近く上がった。強い外交姿勢をアピールして、国内に山積する問題から国民の目を逸らそうとする狙いは、確かにあったと言わざるを得ない。韓国には、苦境時には、とりあえず「反日」という社会的ガス抜き機能を稼動させて乗り切ろうとする精神構造が、政府にも国民にも存在する。そのことは否定できない。

朴槿恵《パク・クネ》

2012年12月19日の韓国大統領選挙において、東アジア初の女性大統領が誕生した。その女性は、朴槿恵。言わずと知れた朴正熙《パク・チョンヒ》元大統領の長女である。彼女が登場してきた背景は、極めて宿命的であった。1974年、文世光（ムン・セグァン）事件によって母親の陸英修（ユク・ヨンス）大統領夫人が暗殺されたため、急遽留学先のフランスから帰国して、ファースト・レディを代行した。さらに1979年、前述のように父親まで暗殺されてしまう。父親の死亡を耳にした際の彼女の第一声は、混乱に乗じて朝鮮人民軍が侵攻することへの懸念であったと言う。

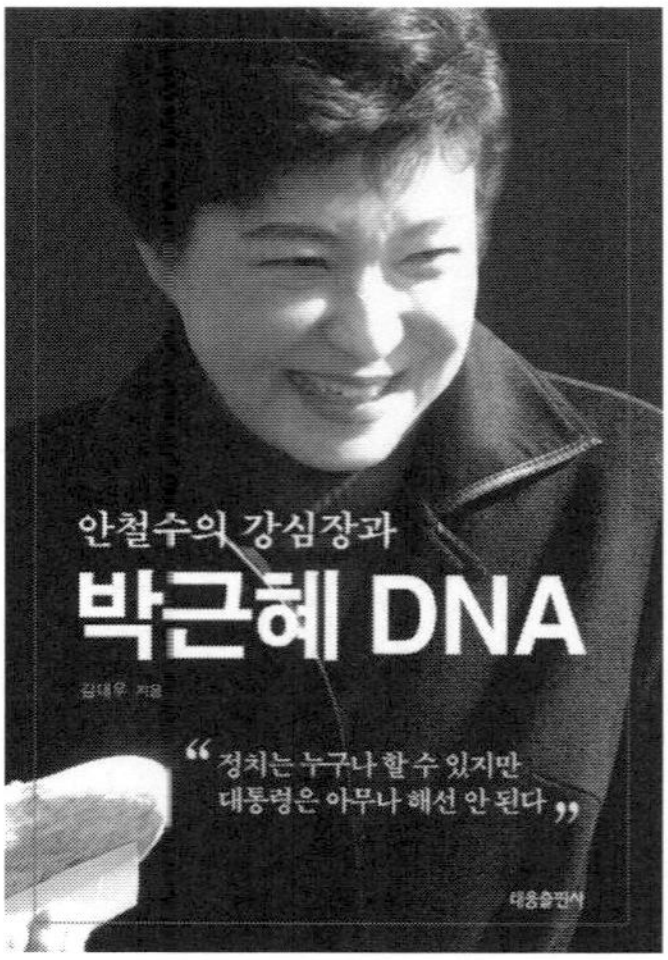

その後、1998年に行なわれた国会議員補欠選挙に立候補し、当選を果たし政界入りした。そして2004年には、ハンナラ党の代表に就任し、その年の総選挙で苦戦が予想された党の窮地を救ったため、「ハンナラ党のジャンヌダルク」とも称された。しかし、3度目の悲劇が彼女を襲った。2006年、地

方選挙の支援遊説中にカッターナイフで男に切り付けられ、右耳下から顎にかけて10センチの傷を負い60針縫う手術を余儀なくされてしまったのである。それでも、朴槿恵は不死鳥の如く蘇り、ハンナラ党から改称されたセヌリ党から、大統領に立候補してきたのであった。このようなドラマティックな人生、そして決して折れない強い心、政治家として父親から受け継いだＤＮＡなどから、朴槿恵は保守派の切り札的存在の大統領として期待されている。

対立候補であった文在寅（ムン・ジェイン）は、陣営のツイッターで「独島は小さな島ではなく大韓民国だ」と呟いていたように、対日強硬路線を打ち出していた。それに比べて朴槿恵は、悪化している日韓外交を修復する努力を表明しており、今のところ、さらなる関係悪化は避けられそうだ。それでも、「竹島の日」（毎年2月22日）の動向次第では、再び日韓両国に緊張が走ることが予想された。島根県は、２０１３年も記念式典を開いたが、前年12月の衆議院選で圧勝した自民党は、政府主催で竹島の日の祝賀式典を開催するという政権公約を修正して、開催を見送った。朴政権も、島根県の記念式典への内閣府政務官初派遣に対して、形式的な抗議にとどめた。こうした両政府の判断の背景には、ＦＩＦＡワールドカップ日韓共同開催（２００２年）以後構築されてきた日韓友好の気運を頓挫させたくないという高度な政治的判断もあったはずだ。

3. FIFAワールドカップ日韓共同開催

2012年のロンドン・オリンピックのサッカー男子3位決定戦は、李明博大統領の竹島上陸の直後であっただけに、韓国イレヴンのプレイには殺気立ったものを感じた程だ。その異様な雰囲気の中で、朴鍾佑選手の「独島は我が領土」と書いたボードのアピールがあった。前年のアジアカップ準決勝においては、奇誠庸（キ・ソンヨン）選手による旭日旗に異を唱える猿真似行為もあった。そこで、サッカー日韓戦がとかく韓国人選手の反日感情を吐露する場になりやすい背景を、通事的に検証することから話を始めてみる。

植民地時代における朝鮮サッカーの悲哀

大韓サッカー協会ホームページには、貧しくともボール一つで楽しめるサッカーが、日本の植民地支配を忘れる一服の清涼剤であったとある。その日本統治時代の1935年6月、翌年に控えたベルリン・オリンピックの日本代表選手選抜を兼ねた全日本サッカー選手権大会に、京城サッカーチームが参加した。この大会に朝鮮チームが参加するのは、初めてのことであった。したがって、経験不足が懸念されたが、そのようなハンディキャップを乗り越えて、明治神宮競技場で開催された大会において、京城サッカーチームは、準決勝で名古屋高等商業を６対０で破り、決勝戦でも文理科大学（現筑波大学）に６対１で勝利し、初出場で初優勝という快挙をやってのけた。秋に開かれた明治神宮体育大会でも、京城サッカーチームは、決勝戦で慶應ＢＲＢを降し優勝した。

このように、オリンピックの前年度の全国大会（日本統治時代は朝鮮も日本の一部）に2度も優勝したからには、オリンピック日本代表選手団も京城サッカーチームを中心に構成されるだろうと、誰もが思っていた。実際、日本サッカー協会は、朝鮮のチームから7名ほど選出すると明言していた。しかし、１９３６年2月に発表された選手団には、金容植（キム・ヨンシク）と金永根（キム・ヨングン）の2人しか選ばれず、朝鮮サッカー協会を驚愕させた。ショックを受けた朝鮮サッカー界は、この選出に強く反発したが、結局、決定が覆ることはなかった。

さらに、１９４１年の明治神宮体育大会での出来事は、朝鮮サッカー界に消し難いトラウマを残してしまった。平壌日本穀物産業は、決勝戦で日立製作所に3対2で逆転勝利し、優勝した。優勝が決まった瞬間、朝鮮人応援団は、興奮のあまりグラウンドに降り、選手たちを胴上げして喜んだ。しかし、この行為が大会関係者によって問題とされてしまった。明治天皇を奉る神聖な神宮競技場で朝鮮人が振舞った行為は、大会の尊厳を汚すものだとされた。朝鮮人側から見れば、言いがかりでしかない日本側の主張ではあったが、それに屈して、朝鮮サッカー協会は緊急理事会を開き、大会主催者である日本の厚生省（現厚生労働省）に、平壌日本穀物産業の大会優勝権を返納する措置を取ると報告したのであった。

右記の二例は、氷山の一角でしかない。どれだけの朝鮮人の涙が、日朝戦のピッチに染み込まれて行ったのだろうか。すべては被植民地民族ゆえの悲哀であった。野球人気が高い日本に比べてサッカー人気が高かった当時の朝鮮においては、サッカー人口で日本を圧倒し、それゆえ選手層も厚かった。サッカーは、当時の朝鮮が日本を凌駕していると言える唯一の誇りだったのである。それだけに一層、汗の結晶である勝利が正当に評価されない悔しさが朝鮮民族の中で募った。日本人には理解し難い日韓戦における韓国選手の過激なプレイと行為は、このような歴史的文脈の中で捉えられるべきであろう。

１９５４年スイスワールドカップ予選

１９４５年の大日本帝国の無条件降伏による解放、そしてその3年後の大韓民国の樹立、さらには朝鮮戦争による動乱。この激動期を韓国サッカーは何とか生き抜き、１９５４年のスイスワールドカップ予選を迎えるに至った。韓国は、日本、中国とともに、予選リーグ13グループに属していたが、中国の棄権によって、韓国と日本が早々に対戦することとなった。しかし、李承晩大統領の排日主義のせいで、試合ができるか否か、非常に微妙であった。

　この状況を打開しようと、李起鵬（イ・ギボン）国会議長が、大統領の説得に当たった。議長は、日本は怖れるに足らない存在だと力説し、大統領の日本人選手団に半島の土を踏ませたくないというイデオロギーを立てるかたちで、ホームアンドアウェー方式ではなく、２試合とも日本で行なう約束で対戦許可を得た。このとき、李承晩大統領が「日本に負けたら、玄界灘に身を投げろ」[7]と檄を飛ばしたことは有名な話である。この大統領の言葉によって、試合前の韓国代表チームには悲壮感さえ漂っていたと言う。ワールドカップ予選を勝ち上がるよりも、日本にだけは絶対勝たねばならないという思いが、韓国の国民全体の共通認識であった。そのナショナリズムは、現在の日韓戦においても頻繁に顔を覗かせる。

　試合に先立ち両国国歌が演奏されたとき、韓国のイレヴンは、感慨もひとしおであった

ろう。翻る太極旗を見たとき、自国が日本の支配を受けた屈辱から這い上がり、独立国となったことを実感したに違いない。第1戦は、雨が降り続け、グラウンドはぬかるみ、技術より体力の消耗戦の様相を呈した。そのことが体力に勝る韓国チームに有利に作用し、韓国が5対1で勝利した。第1戦を落とした日本チームは、第2戦のメンバーを体力とスピードを併せ持った若い選手へと切り替え、背水の陣で決戦に挑んだ。2戦目は1戦目と違って、サッカーに最適なコンディションのもとで行なわれた。両チームは、火花が飛び散るような接戦を演じ、最後は意地と意地とがぶつかり合う白熱した戦いとなり、2対2で引き分けた。こうして、韓国は1勝1分の成績でワールドカップ出場を決めた。次の文章は、その瞬間の韓国の熱狂ぶりを伝えている。

スイスワールドカップ予選における韓国の勝利が確定されるやいなや、国民は感激して一斉に外へ飛び出し、夜遅くまでお祝いが続きました。当時の東亜日報は、「今回の韓国サッカーが収めた成果は、単なるスポーツの成果にとどまらず、全民族的な快挙と言える」とすら報道しました。[8]

このワールドカップ出場を基点に、韓国サッカーは着実に力をつけ、ワールドカップに

７大会連続８回の出場を誇り、オリンピックにも６大会連続出場中というサッカー大国に成長して行く。

KリーグとJリーグの誕生

１９８７年、Kリーグの前身であったスーパーリーグ傘下の全チームがプロ化されるに至った。そしてその後もチーム数は増えて行ったが、韓国におけるサッカー人気自体は、環境整備の充実に見合うだけの盛り上がりとは言い難く、観客動員記録は長らく横ばいが続いた。そんな状況への突破口として、１９９６年、韓国プロサッカー連盟は、リーグ名をKリーグと改めるとともに、大々的な広報活動を展開した。加えて、首都圏に偏っていたフランチャイズも地域密着型に構造改革したのであった。

この広報活動と構造改革の成功により、１９９８年、Kリーグは空前の人気に包まれることとなった。李東國（イ・ドングッ）、安貞桓（アン・ジョンファン）、高宗秀（コ・ジョンス）などの新世代の台頭、熱気を帯びてきたサポーターたちの支持、チームスタッフのマーケティング戦略の強化などが相俟って、Kリーグは国民的支持を獲得するに至った。そして、韓国サッカー界は、その熱気をＦＩＦＡワールドカップ開催の誘致工作に繫げて行ったのである。

　1993年、日本にはいち早くJリーグが生まれていた。豊富な財力に支えられ、爆発的な人気を集めた。中でも武者修行のブラジルから帰国した三浦知良は、国民的英雄となった。そして、そのサッカー熱の全体的盛り上がりを弾みに、アメリカワールドカップ・アジア最終予選に挑んだのであった。日本はサウジアラビアと引き分け、イランに敗れたが、北朝鮮に勝って勢いを取り戻し、いよいよ韓国戦を迎えた。それまで日本は、ワールドカップのアジア予選で韓国に対して7敗3分と完全に牛耳られていた。しかし、その試合は、一進一退を繰り返す白熱した展開となり、三浦知良のゴールによって日本が1対0で勝利した。韓国に初めてアジア予選で勝利するという快挙を成した日本チームは、そのまま波に乗ってワールドカップ出場を果たすものと誰もが思った。

　ところがカタールのドーハで行われた日本とイラクの試合において、後々「ドーハの悲劇」として語り継がれる展開が起こってしまう。試合終了真際のロスタイムにイラクの同点ゴールが決まり、ワールドカップ初出場確定までわずか数秒を残すだけの状況から一転して予選敗退が決まったのであった。日本は宿敵韓国に勝ったが、アジア予選に敗退した。それでも、ワールドカップ初出場にあと一歩に迫った実績を武器に、日本も、2002年FIFAワールドカップ開催の誘致工作を展開して行くことになる。

熾烈な誘致合戦

ワールドカップの開催誘致は、まず日本が名のりを挙げた。それは、１９８６年にアベランジェＦＩＦＡ会長が「２００２年のワールドカップをアジアで開きたい」[9]と発言したことに端を発する。その頃の日本サッカーは、どん底にあり、人気低迷を何とかしなければ、という雰囲気に満ちていた。そこで日本サッカー界は、人気回復の切り札として、Ｊリーグの創設とワールドカップ誘致計画を決定したのであった。

それまでの実績で勝る韓国としては、日本に先を越されるわけにはいかなかった。それゆえ、日本の誘致参入決定の報が入るやいなや追随を決定している。かくして、２００２年ワールドカップ開催地を巡っての戦いは、同じように名のりを挙げていたメキシコが辞退した後、事実上日本と韓国の一騎打ちの様相を呈した。

日本は親日家のアベランジェ会長に、一方韓国はヨハンソン副会長に接近し、熾烈な誘

致合戦が繰り広げられた。その戦いは、鄭夢準（チョン・モンジュン）大韓サッカー協会会長の獅子奮迅の活躍によって、韓国側に有利な展開となっていた。鄭会長は、ＦＩＦＡ副会長の一人であったことで自動的に一票の投票権を持っていたし、彼自身人並み外れた国際性を有していた。ソウル大学卒業後、アメリカのマサチューセッツ工科大学で経済学修士号を取得、ジョンズホプキンス大学で国際政治学博士号取得といった華麗な学歴とそこで得た国際感覚、加えて、現役のサッカー選手であったスポーツマンぶり、さらには、国際舞台でも堂々と英語でスピーチできる言語運用能力などで、選手上がりが多い日本サッカー協会の幹部陣に圧倒的な差をつけていた。

しかし、ＦＩＦＡの政治的配慮が日本側に有利に働いた。つまり、日韓が激しく争うことで、日韓関係に悪影響を及ぼすことを懸念する声が出始めたのである。その結果、妥協案として台頭してきたのが日韓共同開催という隠し玉であった。経済力を背景にした大会運営能力に一日の長を持つ日本を残した上で、韓国の実績と熱意を評価したかたちの共同開催は、勝負を棚上げにし、敗者を作らない非常に巧みな落としどころと言えた。

それでも、共同開催の運営手順を巡って、日韓の間で国の威信を賭けての綱引きがあった。意外とスムーズに決まったのが、開幕戦を韓国で、決勝戦を日本で行なうという決定であった。どちらも決勝戦を行いたいのは当然のことゆえ、かなり紛糾することが予想されたが、あっさりと日本に決定した。それは、韓国側が思ったほど決勝戦に執着を持っていなかったからであった。韓国は、むしろ、開幕戦を持ってこられるならＦＩＦＡ総会を行なえるので、そちらの方のメリットが大きいと考えたのであろう。紛糾したのは、大会の正式名称であった。当初、ＦＩＦＡの案では「日本・韓国（JAPAN/KOREA）」となっていた。それは、単純にアルファベット順に並べただけであった。西洋の価値観では、国名の順などは、どうでもいいことなのだ。しかし、鄭夢準は、「ＦＩＦＡという組織名がフランス語なのだから、フランス語表記のＣＯＲＥＡなら韓国が日本の先にくるのが当然だ」[10]と主張し、一歩も譲らなかった。かくして、鄭夢準は、脅威の粘り強い交渉を展開し、最初のＦＩＦＡ案を覆し、最終的に正式名称を〝2002 FIFA World Cup KOREA/JAPAN〟にするという最終決定を導き出した。

韓国がここまで名称にこだわった理由を、隣国である日本は理解しておかねばなるまい。韓国の国民の大半は、常に日本を意識して日々の生活を送っていた。日本を越えたいと思いながらも、21世紀初頭の韓国には、いまだ日本を越えるものが少なかった。その稀有な一例がサッカーだった。オリンピックと同じくらい世界が注目するワールドカップで、日本より韓国の名前が先にくることは、韓国にとって、決勝戦を誘致するよりはるかに価値あることであった。それだけで韓国人の自尊心は充分に満たされるのだ。その彼らのメンタリティーを思いやるくらいの余裕が日本には必要である。その点、「韓国の立場もわかるので、日本側が譲ってもいい」[11]とした長沼健日本サッカー協会会長の決断は、勇気ある妥協として高く評価できよう。

ワールドカップ日韓共同開催への助走

日韓共同開催が1996年に決定され、日韓両国はワールドカップを共催するに相応しい実績を開催年の2002年にまで作り上げなければならなかった。特にいまだワールドカップに出場したことのない日本にとって、1998FIFAワールドカップ・フランス大会への出場は、至上命題となっていた。もしフランス行きの切符を逃すと、ワールドカップの開催国として面目が立たないという苦境にあった。

1997年の秋に行なわれたアジア最終予選において、日本と韓国は同じB組に入り、激しく争った。後半24分、日本が先制したが、加茂周監督の一点を守り切ろうとした戦術が裏目に出て、韓国に土壇場で逆転された。結果を残せなかった加茂監督は、アジア最終予選の途中で解任され、岡田武史新監督の手にチームの立て直しが委ねられた。

岡田監督は、チームの人心を掌握することから始め、韓国との再戦を制し、マレーシアのジョホールバルでアジア第3代表が懸かるイランとの一戦にも勝利し、ワールドカップ初出場を決めた。このとき、岡田監督と控え選手がピッチに駆け出し、プレイを終えた選手と歓喜の声を上げた。この瞬間を日本サッカー界では「ジョホールバルの歓喜」と呼ぶ。これにより、日本はワールドカップ開催国としての最低限の体裁を整えることができたのであった。そして、次の目標は、ワールドカップでの初勝利に設定された。

一方、韓国は、ワールドカップ・フランス大会出場を決めた喜びもつかの間、アジア通貨危機に巻き込まれて、国そのものがデフォルト寸前の経済不況に直面していた。そこで、韓国サッカー界は、「これからは、主婦も国際競争です」[12]という金大中大統領のグローバル戦略と一体化する作戦に出る。盧廷潤（ノ・ジョンユン）のサンフレッチェ広島移籍を皮切りに、高正云（コ・ジョンウン）がセレッソ大阪に、洪明甫（ホン・ミョンボ）がベルマーレ平塚に、柳想鉄（ユ・サンチョル）が横浜Fマリノスに、崔龍洙（チェ・ヨンス）がジェフ市原に、黄善洪（ファン・ソンホン）が柏レイソルに移籍した。また、京都パープルサンガ入り

し、Ｊリーグでプロデビューを飾った朴智星（パク・チソン）のような選手も出てきた。１９８０年代、先行して発展を遂げていた日本野球界から在日僑胞選手が韓国プロ野球に新しい風を送り込んだが、逆に１９９０年代後半から新世紀に入って間もない頃、実力で上回るＫリーガーがＪリーグの発展に寄与したのであった。

しかし、Ｋリーグ一流選手のＪリーグ入りの動機は、高い年俸とスタジアムやクラブハウスなどの設備の良さであって、そこで繰り広げられるサッカーそのものの魅力に惹かれてというわけではなかった。外国人選手である彼らに、かつての在日僑胞野球選手のような祖国愛ゆえの献身的プレイ（低い年俸と環境の不備に耐えてでも祖国のスポーツ界に貢献したいとの想いからのプレイ）を求めるのは無理な注文であった。「安心して働ける日本が好きだから、ここで頑張ろうと思った」という安貞桓《アン・ジョンファン》（清水エスパルス～横浜Ｆマリノス）による厚生労働省のポスターのフレーズが、全てを要約していた。

そこで当然ながら、サッカーの質の向上を目指すならヨーロッパに行って学ぶべきだとする考えも、韓国サッカー界に台頭してくる。ユース、オリンピック、ワールドカップと、すべての代表選手を兼ねる李天秀（イ・チョンス）のジュビロ磐田入りに韓国サッカー協会は待ったをかけたし、朴智星もマンチェスター・ユナイテッドに移籍して行った。このように、ＩＭＦ孝行種目という経済効果と武者修行効果とのバランスを取りつつ、韓国サッカー界の次なる目標も、ワールドカップでの初勝利に定められた。

一方で、その後の日韓交流に決定的な影響を与えたワールドカップ共同開催に伴う友好的気運が、両国サッカー協会からではなく、両国選手間からでもなく、両国サポーターから真っ先に沸き起こったことは、特筆に値する。Ｊリーグで活躍する韓国人選手に、日本のサポーターは、分け隔てなく声援を送った。覚えたての簡単な韓国語で、応援のメッセージを書いたボードを掲げる日本人サポーターの姿が、日本中のサッカースタジアムで見られるようになった。一人の韓国人選手を応援することを通じて、サポーター一人一人の中で韓国への理解が深まり、新たな世紀に相応しい新たな日韓異文化交流の土壌が生まれつつあった。１９９７年のフランスワールドカップ・アジア最終予選で、日韓は同じ組に居合わせたが、このとき苦戦する日本に対し、〝Let's go to France together.〟の横断幕が韓国サポーター席に踊った。

１９９８年のフランスワールドカップでは、日韓両チームは惨敗を喫し目標達成はならなかったが、ワールドカップ共同開催が決まったことで、日韓共同応援団が誕生し新たな絆も形成された。２０００年の日韓戦では、日韓のサポーター同士による同席応援さえ実現した。従来なら、代理戦争の様相さえ呈していたソウルのスタジアムにおいて、そんな微笑ましい光景が見られたのである。さらに、２００１年、日韓オールスターチーム対世界オールスターチームの試合が横浜で開催された際の応援席は、まさに2002年の「日韓国民交流年」へのペイブメントが敷かれたことを実感させるものであった。

そして、〝2002 FIFA World Cup KOREA/Japan〟における日韓両国の目標は、ワールドカップに初勝利してベスト16に入り、決勝トーナメントに進むことに置かれ、フランスワールドカップのときに比べて大きく上方修正された。

ワールドカップ日韓共同開催

2002年5月31日から6月30日の31日間に、日本と韓国それぞれ10か所、計20都市で64試合を行った。大会前は、フーリガンの暴動などを危惧する声が聞かれたが、大きなトラブルは発生せず事なきを得た。また、高円宮夫妻が韓国を公式訪問し、開会式に出席した。皇族の韓国訪問は、第二次大戦後初であった。

日本は、初戦でベルギーと2対2で引き分け、次のロシア戦に1対0で勝ち、ワールドカップ初勝利を挙げる。そして、チュニジア戦も2対0で危なげなく勝利し、グループリーグ1位通過で、初の決勝トーナメント（ベスト16）を決めた。韓国もまた、ポーランドとポルトガルから勝利をあげ、グループリーグ1位で通過した。これで、日本と韓国は、ともに当初の目標を果たしたのであった。決勝トーナメントでは、日本は1回戦でトルコと対戦し0対1で敗れ、初のベスト8進出はならなかった。一方、韓国は、イタリア、スペインに勝利し、アジア勢として初めて準決勝に進出した。韓国のベスト4入りは、韓国の快挙と言うだけでなく、アジア・サッカーの実力を世界に見せつけた点で大きな意味があった。

ワールドカップ史上初の共同開催という試みは、数多く存在したリスクを克服し成功を収めた。加えて、この大会を通して日韓の交流が一気に進み、特に日本では、ワールドカップ日韓共同開催が「ヨン様ブームに続く韓流全盛のベース」[13]となって行った。

在日コリアンの役割

在日コリアンは、日本の植民地支配及びその後の日韓の歴史に翻弄されつつ、時代の流れの中で、筆舌に尽くし難い差別や屈辱を受けてきた人たちである。彼らは、２００２年ワールドカップ共同開催決定やその後の韓国ブームに、初めのうちは少し戸惑いを見せていた。想像以上の友好ムードの中で、逆に彼らの存在が忘れ去られてしまうのではないかとの危機意識さえ生まれていた。

その不安を払拭しようと、在日韓国民団では、このワールドカップ日韓共同開催において、自分たちが日韓サポーターの架け橋的役割を担って存在感を示そうとする動きを活発化させた。ソウル・オリンピックで多額の募金実績のある民団は、２００１年の定期中央委員会で、「在外国民の愛国精神を発揮して、ワールドカップの成功と韓日友好に貢献しよう」というスローガンを採択し、５億円の募金を集めて、両国組織委員会に寄贈する方針を打ち出したのであった。

本項で幾つかの文章を引用させてもらった『日韓のサッカーのすべてがわかる本』も、在日コリアンライターを中心に制作された出版物であり、日本人では見えにくい視点からの記事が満載で、在日コリアン主導ならではの企画本となっている。韓国社会において祖国への帰属意識を疑問視されてきた在日コリアンたちが、今回ほど祖国から期待をかけられたことは、かつてなかった。同時に、在日コリアンがこれほどまでに日本社会に貢献しようと行動したことも、かつてなかった。それらを可能にしたのは、ＦＩＦＡワールドカッ

プというスポーツイベントの持つポテンシャルの高さであった。

こうした在日社会の成熟という追い風もあってか、日本では、それまでタブー視されていた在日コリアン社会を描いた映画が続々と日本で制作されるようになった。特筆すべきは、それらの映画が民族意識を打ち出しつつも、誰でも楽しめる優れたエンターテイメント性を有していたことだ。それゆえ、多くの日本人が、ことさら身構えることなく、それらの映画を観るために映画館に足を運んだ。

4. 在日社会を切り取った作品群

井筒和幸の在日社会への眼差し

『パッチギ！』

映画はいきなりグループサウンズのオックスの失神ライヴシーンから始まる。そして学生運動の集会シーン、ヒッピー青年に扮したオダギリジョーがキング牧師の「私には夢がある演説」を吟じるシーンなどが挿入され、60年代グラフィティの様相を呈する。

そんな時代背景のもと、京都府立高校2年生の塩谷瞬演ずる松山康介が、日頃から喧嘩の絶えない朝鮮高校に親善サッカー試合を申し込みに行く。そこで、吹奏楽部でフルートを吹く沢尻エリカ演ずる在日少女キョンジャを見初める。二人の間を取り持つのは、キョンジャが演奏していた曲「イムジン河」に設定されている。北朝鮮の国威発揚の意図を持っていたその歌をキョンジャが朝鮮高校のブラスバンドで演奏し、フォークルセイダーズによって世に問われた日本語版「イムジン河」を康介がフォークギターで弾き語る。韓半島の南と北に、あるいは韓半島と日本列島とに友好の橋を架かけようとする想いが、康介とキョンジャの恋心にオーバーラップされて行く。そのプロットは、非常に寓話的で分かり易く、巧みに歴史を暗喩している。

オール京都ロケで撮影された『パッチギ！』は、北朝鮮を支持する総連系在日社会を描いた映画だが、釜山からやってきた青年をコミュニティに抱え込み皆で世話しているプロットは、日本では、北朝鮮と韓国を分けるベクトルとは別に、在日コリアンとしてまとまろうとするベクトルも、時によって作用することを物語っていよう。

「パッチギ」とは「頭突き」、「乗り越える」、「突き破る」の意味があり、映画『パッチギ！』では、喧嘩シーンで「頭突き」が頻繁に用いられ、さらに、在日コリアンに生まれたことで受ける差別を「乗り越える」あるいは「突き破る」というメッセージが全篇に流れている。その井筒監督からのポジティヴなメッセージがストレートに伝わってきたゆえに、映画館を出た後、何とも言えない清々しさを感じたことを覚えている。

何かを見ようとせず、何かを隠すことで、物事を単純化することはできる。そして人は、その御都合主義の単純化の中で、とりあえずホッと胸をなでおろすこともできる。しかし、この映画は、あえて差別の存在に真っ向から対峙しようとしている。その対峙なしでは、決して困難を乗り越えることはできないとでも言いたいかのように。『パッチギ！』は、よくできた映画とは言えないが、放つエネルギーは凡百の映画とは比べものにならず、元気が腹の底から湧いてくる映画だと言えよう。

この映画は、第29回日本アカデミー賞において、優秀作品賞、優秀監督賞（井筒和幸）、新人優秀賞（塩谷瞬、沢尻エリカ）、話題賞（沢尻エリカ）などを独り占めした。

「イムジン河」

韓国と北朝鮮の国境沿いを流れるイムジン河。その河に南北分断のメタファーとしての機能を持たせのたが名曲「イムジン河」（朴世永《パク・セヨン》作詞、高宗漢《コウ・ジョンハン》作曲）である。もともと北朝鮮の側から南に向けての祖国統一への想いが綴られたその歌は、日本では、１９６８年、松山猛によって日本語詞が添えられ、フォークルセイダーズによって歌われた。そこには、過去の悲しい歴史を克服し、それを未来に繋げようとする人道主義が息づいていた。それなのに、日本のレコード会社は、発売直後（13万枚が出荷済であったが）に販売中止を決定し、ラジオやテレビで流すことも自粛してしまった。

そんな権力の不当介入にも拘わらず、「イムジン河」は人々の心の中で静かに生き続け、２０００年前後から再び多くの歌手がこの歌を公の場で歌い始めた。都はるみ、高石ともや、ばんばひろふみ、杉田二郎、新井英一こと朴英一（パク・ヨンイル）、金蓮子（キム・ヨンジャ）などが、それぞれの想いを「イムジン河」に込めた。そして２０１１年には、きたやまおさむが、松山詞に４番を加えて、新しい「イムジン河」を歌った。

イムジン河　水清く　とうとうと流る
水鳥自由に　むらがり　飛び交うよ
わが祖国　南の地　思いははるか
イムジン河　水清く　とうとうと流る

北の大地から　南の空へ
飛び行く鳥よ　自由の使者よ
誰が祖国を　二つに分けてしまったの
誰が祖国を　分けてしまったの

イムジン河　春の日に　岸辺に花かおり
雪解け水を得て　北と南むすぶ

ふるさとの　歌声よ　渡る風となれ
イムジン河　とうとうと　青き海に帰る

喜びも　悲しみも　裏切りも　再会も
流された　涙は　川の水のように

北と南むすぶ　歌よ　橋となれ
もう一度　会いたくて　あなたに　会いたくて[14]

「誰が祖国を二つに分けてしまったの」というフレーズに、日本の韓半島に対する植民地支配が影を落としていることに想いが至らない日本人は、歴史を知らなさ過ぎる。逆に、ここでの「誰」を韓半島に進軍した諸国だけのせいにしてこと足れりとする韓国・朝鮮人も、実は充分な内省を怠っており、客観的な歴史認識を有しているとは言い難い。

朝鮮の独立は、日本の敗戦によって転がり込んできたものであったゆえ、独立国家建設への具体的政策を用意できていなかった。加えて、独立運動の諸派が解放後も激しく対立し続け、独立への求心力を持つ勢力も出現には至らなかったのである。そこをアメリカとソ連に衝かれてしまった。誰が祖国を二つに分けてしまったかの答えは、こうした複雑な文脈の中で理解されるべきである。日韓の歴史認識の溝を埋めることとの必要性を喚起し、南北統一を希求したこの歌の答えは、いまだ見つかっていない。

『パッチギ2　Love＆Peace』

『パッチギ2　Love&Peace』のキャッチフレーズは、「生き抜くんだ、どんなことがあっても」であり、図らずも（いや図ったのだろうか）、この映画と同時期に上映された戦争映画『俺は、君のためにこそ死ににいく』に対するアンチテーゼとなっている。兵役を拒否し家族のために生き抜くことの方が戦場で殺しあうよりはるかに勇気ある行動なのだと、『パッチギ2』は訴えている。家族を守るために戦うのだとして戦争を正当化しようとしても、戦おうとする相手にも家族は存在するのだ。サブタイトルの〝Love&Peace〟は、

ジョン・レノン&オノ・ヨーコが掲げた「愛と平和」のメッセージへの共感を示していよう。

舞台は、1974年の東京都江戸川区枝川。キョンジャ（中村ゆり）の一家は、病にかかった弟チャンス（今井悠貴）の治療のために、京都府からこの街に引っ越してきたという1作目からの時系列設定となっている。キョンジャの兄アンソン（井坂俊哉）は、ある日、駅のホームで京都時代からの宿敵近藤（桐谷健太）と遭遇し、彼が率いる大学応援団と朝鮮高校生との乱闘に巻き込まれる。その際、国鉄（現JR）職員の佐藤（藤井隆）に助けられる。佐藤はその争いへの関わりゆえに国鉄を解雇されてしまうが、アンソンの家に入り浸るようになり、キョンジャにほのかな恋心を抱く。この佐藤役は、前作の松山康介のように、在日コリアンにシンパシーを持つ日本人青年の位置に配されている。

キョンジャは、芸能プロダクションの関係者からスカウトを受けたことをきっかけに芸能界入りを決意する。「紅白なんか在日なしでは成り立たん」[15]というセリフからは、この業界に在日コリアンが多い現実が伝わってくる。しかしキョンジャは、芸能界特有のしがらみに馴染めない。そんな彼女に対して優しく接してくれたのが先輩俳優の野村（西島秀俊）であった。やがてキョンジャは、野村に、自らの出自に悩みながらも惹かれ始めて行く。

物語が急展開を告げシリアスな方向へ傾くのは、後半に入ってからである。キョンジャは、在日である自分とは結婚の意志のないことを野村から告げられ、自暴自棄となり、大役を貰うために三浦プロデューサー（ラサール石井）に抱かれる。そして、戦争映画のヒロイン役を獲得するのである。しかしキョンジャは、晴れの舞台挨拶で、自分の出自を明かし、この映画の主人公のように祖国のために死んで行った兵士より、兵士となることを拒否し家族のために生き抜こうとした自分の父親のような人間への尊敬の念を口にする。「生き抜くんだ、どんなことがあっても」を想起させられるクライマックスだ。ちなみに、キョンジャ役の中村ゆりは、この映画の公開中に自分が在日コリアン（成友理：ソン・ウリ）であることをカミングアウトした。

下関三部作

山口県下関市は、本州最西端に位置し、関門海峡の対岸の門司とは関門大橋と関門トンネルで結ばれている。その街は、海の匂いがして、海峡の風が吹いていて、坂があって、どことなく風情のある町並みだ。奥田瑛二監督は、下関に魅せられ、下関を舞台に映画『風の外側』を撮った。映画のパンフレットには、下関は「シネマジェニックな街」[16]と記されている。「写真映りのいい」という英語に「フォトジェニック」という単語があるが、それをもじって「映画の舞台として魅力的」という意味の「シネマジェニック」なる言葉が出てきたのであろう。その言葉はまた、「映画の舞台になりそうな物語性」をも含意していよう。『風の外側』を観ると、いかに下関の町並みがその物語性を有しているかがよくわかる。

太平洋戦争終戦時、下関港が在日韓国・朝鮮人送還の主要な出発港の一つになったこと、加えて、日本で唯一毎日運航されている貨客国際航路である関釜フェリーの存在により、下関は昔もいまも韓半島との繋がりが深く、多くの在日コリアンが住んでいる町だ。特に下関駅北側グリーンモール商店街一帯は事実上のコリアン・タウンとなっている。在日コリアンの血を引く松田優作（旧名金優作：キム・ウジャッ）を育んだ町なのである。

旧大坪地区（現神田町）は、下関最大のコリアン居住区であり、坂道に佇む光明寺には、戦後の日本人を勇気づけたプロレスラーの力道山（金信洛：キム・シルラク）の木像が建っている。朝鮮籍であることを徹底的に隠そうとした彼の生涯は、『ペパーミント・キャンディー』の薛景求《ソル・ギョング》が映画『力道山』で熱演している。この辺りを歩けば、道の両側に、朝鮮の乾物や野菜を売る店が何軒かあったり、店先でチヂミを焼いている食堂に出くわしたり、韓国海苔を並べている店を見かけたりもする。下関出身の佐々部清監督の作品である『チルソクの夏』、『カーテンコール』にも、韓国情緒が漂う下関の町並みに対する優しい眼差しが、控えめではあるがしっかりと映し出されている。

『風の外側』

奥田瑛二監督の『風の外側』は、佐々木崇雄演ずる在日コリアンのチンピラ趙聖文（チョ・ソンムン）と安藤サクラ（奥田瑛二の次女）演じるミッション系の女子高に通う岩田真理子が、お互いの社会的境遇の差を越えて心を通わせる青春映画である。映画の全編を貫くテーマは、「夢」だ。真理子は、朝鮮人の父と日本人の母との間に生まれたハーフであるが、彼女には裕福な家に育ったゆえに夢を持つことが許されている。彼女の夢は、音大に進学してオペラ歌手になることである。それに比べて、ソンムンは、たとえ夢を持ってもそれを実現できるようには思えない境遇で育った。それゆえ、真理子に自分の夢を聞かれても、ソンムンは何も答えられない。北村一輝演ずる兄貴分のヤクザがソンムンに、真理子との関係を断ち

切れと諭す言葉が印象的である。

「なまじ夢なんか持ってみい、壊れるたびにてめえが惨めになるだけやけえ。人には、夢を持ってええ奴と、夢が邪魔になる俺らみたいなのと、二通りあるんじゃ。（中略）おせっかいかもしれんけど、やめとけっちゃー」。[17]

しかし、真理子も高校の合唱団のソロをはずされて、夢が壊れそうになるときがある。そして自暴自棄になり、はずされた原因を自分が在日だからと思い込み、ソンムンに八つ当たりをしてしまう。ソンムンはそんな真理子に夢を諦めるなと迫る。ソロ交替の理由を聞かれた久保京子演ずる合唱団の指導役の教師が真理子に投げかける言葉は、静かな口調だが強烈な在日批判となっている。

「あなたが在日とは、いまのいままで知りませんでした。（中略）何か上手くいかなかったら、在日だから、そう思えばいいんですから。でもねえ、そんな心の壁を作っているのは、あなた自身なんじゃないですか。」[18]

この言葉は、『風の外側』が客観的な視点を持っていることを象徴している。それゆえに、ソンムンの甘えの構造に対する叱咤をも含意していよう。ソンムンは、自分の将来が見えない現状を、すべて自分の出自のせいにして、心の壁を頑強に築き上げてしまっている。この在日コリアンが陥りやすい思考回路を、乗り越えなければ始まらないと『風の外側』は訴えかけているのだ。

その意味で、真理子はソンムンよりも強い。自分の甘えを悟り、合唱団に戻る許可を得ようと指導教師のところへ行き謝罪している。さらに、対立する組織の鉄砲玉としてソンムンが父親に刃物で襲い掛かっても、父親の仕事の非合法性に気づいている彼女は、ソンムンを見放したりはしていない。「夢のないやつは無理やり夢を作るしかないけえ、たとえ人を殺しても」[19]と、無神経な言葉を投げつけてくるソンムンを優しく包み込み、体を許そうとさえする。加えて、ソンムンが自首した後も、「待っちょるけえね」[20]と海峡を見つめながら呟く。このシーンの安藤サクラの凛とした横顔は、映画の中で、圧倒的な輝きを放っている。

下関生まれの在日コリアン2世で、松田龍平、山田優主演映画『プルコギ』を監督した具秀然（グ・スーヨン）は、以下のように述べている。

「夢を持ちたいのに持てない」。それは、社会や環境のせいなのか？　確かに、社会や環境のせいにすれば諦めがついて楽になった。日本に在日として生まれたのは、自分のせいじゃないんだから、しょーがないじゃん。（中略）先天的なことも後天的なことも一緒くたに社会のせいにして諦めればいいんだから、実に簡単だった。（中略）でも、結局、そういう考えはヤメにした。理由は簡単だった。どうしても生き抜くのを諦めきれなかったからヤメにした。夢が持てないのは、社会や環境のせいだなんて、まったくバカヤローのセリフだと気がついた。夢が持てない人間だなんて、誰にも言われたかーないでしょ。21

この映画の撮影にこぎつけるまで、そして撮影中もスタッフの苦労は大変なものだったろうが、撮影完了後も困難が待っていた。下関には映画館が1館しかなくなっていたが、その唯一の映画館下関スカラ座も公開予定の1ヶ月前に閉館が決まってしまったのだ。下関オールロケの映画が下関で観られないという笑えないことが現実となってしまいそうであった。そこで、奥田監督が決断したことは、前例のない仰天計画であった。それは、監督自らが映画館を買い取り、運営に携わるというものだった。それも、実質的な運営は副支配人に任せたが、月にいく度かは監督自身が支配人として映画館に詰めたのだった。その熱意は、町の活性化にも繋がった。奥田監督も下関市民も、夢を諦めたくはなかったのだろう。

『カーテンコール』

佐々部清監督は、下関出身の映画監督である。その下関を知り尽くした監督が、少年期から思春期に嗅いだ昭和30年代から40年代にかけての故郷の香りを、記憶の断片を辿りつつ丁寧に再現し、そこに胸いっぱいの故郷への愛を込めてでき上がった作品が『カーテンコール』だ。

その昔、映画は「娯楽の殿堂」と称された。町の映画館は、人々の交流の場であり、地域文化の発信地であった。初デートが映画鑑賞だったカップルの数は、当時相当数に上ったはずだ。筆者の幼少期の記憶の断片には、母親に連れられて「喜楽座」という3本立てが売りの地元の映画館に出かけた光景がいまも残る。何の映画

だったかは覚えてないが、幕間に買って貰って食べた甘納豆の味や時折ネズミが足元を這っていたことは、何故かはっきり舌と脳裏に刻まれている。

この筆者の映画初体験の少し前までは、映画の幕間に、歌やショートコントなどの芸をする幕間芸人が存在したと言う。映画『カーテンコール』は、ある幕間芸人の人生の軌跡と彼の家族の物語である。小津安二郎のミニマリズムと山田洋次のペーソスをブレンドしたような作品に仕上がっている。

藤井隆演ずる幕間芸人安川修平は、実は在日コリアン・安修平（アン・スピョン）である。大好きな映画への想いを胸に、客の呼び込み、自転車を飛ばしての1番館から2番館へのフィルム配達など何でもこなし、幕間には上映中の映画の主題歌を弾き語ったり、主演の役者の形態模写をしたりする。在日ゆえに正社員になれないが、そんな悪条件の中でも精一杯の仕事をして生き残ろうとする安川の姿からは、差別に負けまいとする必死さが伝わってくる。しかし、映画産業は昭和40年代中頃から斜陽化が進み、幕間芸人の需要は先細る。安川は、仕事への熱意にもかかわらず廃業に追いやられる。さらに妻が病に倒れ、仕方なく一人娘の美里に「いい子にしていたらすぐに迎えに来る」[22]という言葉を残して出稼ぎに行く。その約束の言葉に嘘はなかったはずだが、安川は力尽きて一人で韓国へ逃げ帰ってしまうのである。

孤児となった美里は、施設に預けられながらも何とか大人に成長し、焼肉店を営む同じ在日の男性と結婚し、一人息子のソンジュを授かっている。その大人になった美里を鶴田真由が好演している。美里は、息子に「まだまだ差別はあるけど、(それに)負けない子共になって欲しい」[23]と望み、あえて韓国名を名のらせている。その行為には、最終的に差別に負けてしまった父親と同じような人生を歩んで欲しくないという強い気持ちが込められている。そこに、伊藤歩演じる幕間芸人の人生の軌跡に興味を持ったタウン誌記者橋本香織が取材に訪れる。美里は、「父には私の苦労は分からない」[24]と、父親に対する恨みを口走るが、香織は美里の心底に、父親に対する恨みと同時に断ち難い肉親の情が存在することを感じ取ったゆえ、安川の居場所を見つけ出し、親子を再会させようとする。

安川修平の消息について手がかりのない香織を助けようとしてくれるのが、橋龍吾演ずる高校時代の同級生・金田信哲である。信哲と香織はお互いに思いを募らせていたが、香織は信哲の告白を彼が在日であることで受け入れられなかった。そのときの優柔不断を謝る香織に対して、信哲は、「仕方がなかったけえ」[25]と香織を優しく宥めている。在日が多く暮らす下関では、香織と信哲のような恋愛が数多く生まれてきたはずだ。差別を克服した恋人たちもいたろうが、多くはここでの二人のように、立ちはだかる社会の壁を乗り越えることができなかっただろう。こんな悲恋が繰り返される社会であってはいけないと、この映画は訴えているかのようである。

信哲は民団の情報力を駆使して、安川が済州島で暮らしていることをつきとめ、香織は済州島に飛ぶ。そして安川に会い、彼がかつて働いた「みなと劇場」の閉館興行で、幕間の舞台に立つことの承諾を安川から取りつける。この最後の幕間舞台で歌う安修平役は、元スパイダーズの井上堯之が演じている。安は、後ろめたさと、自分が一番輝いていた頃への郷愁を胸に秘め、昔弾き語っていた「いつでも夢を」を涙ながらに歌う。しかし、その日、美里は父親の舞台を見に行こうとしない。なんとか信哲らが映画館のロビーまで美里を連れて行くが、結局親子は再会を果たさず、安は帰国する。

その後美里は、父親への「恨」をようやく断ち切って済州島を訪れ、お寺の境内に座ってハモニカで「いつでも夢を」を吹いている父親の前に佇む。父は娘の姿を見た瞬間、思わず立ち上がり、「美里か？」[26]と声にならない声で呟く。そのときの笑顔は、たとえ一時期だったとしても、家族のために一生懸命だった時代があった者にのみ許される笑みであろう。美里もその父の頑張りを子どもながらに傍らで見ていたゆえに、固く閉ざした心を開き、「お父さん」[27]と言葉を返している。二人が見つめあうクライマックスシーンに、目頭を熱くしない人はいないだろう。苦難の克服というもう一つの「恨」に到達した清々しさが漂う最終カットとなっている。

『カーテンコール』の素晴らしさは、家族愛を描ききった点に加えて、昭和のレトロな雰囲気を、スタッフ全員のこだわりによって映像の中で醸し出していることである。その象徴が、「みなと劇場」だ。実際には、北九州市八幡東区の現役映画館「前田有楽劇場」に手を加えたものである。映画では、「みなと劇場」の前の通りは、「まるは通り」となっていて、下関がマルハの大洋漁業とともに栄えた「鯨（ホエール）の町」であったことも思い出させてくれる。大洋漁業は、現「横浜ＤｅＮＡベイスターズ」の前身「横浜大洋ホエールズ球団」を所有していたこともある。１９４９年に落成した下関市営球場は、１９５０年に発足した「大洋ホエールズ」の本拠地として１９５２年まで使用されていた。ちなみに「カーテンコール」というタイトルには、「平成の時代において昭和初期の熱気をもう一度望み、あの時代のカーテンを再び上げようとする拍手を含意している」[28]と、佐々部監督は語っている。

『チルソクの夏』

『チルソクの夏』の舞台は、１９７７年の下関。姉妹都市の釜山との親善事業として毎年夏に開催される「関釜陸上競技大会」（実存する大会）に、走り高跳び競技の下関代表選手として釜山での大会に出場した水谷妃里演ずる遠藤郁子は、淳評（スン・ピョン）演ずる同じ競技の釜山代表安大豪（アン・テホ）に出会う。１９６０年代の『カーテンコール』から10年余の時を経た日韓の関係は、スポーツ親善大会を開催できるまでに改善されていたのである。アンの郁子への技術的なアドヴァイスがきっかけで、二人はお互いを意識し始める。そして競技が終わった夜、アンは夜間外出禁止令下にも拘わらず郁子の宿舎に忍び寄る。そして、郁子とアンは、お互いに次の年の下関大会に必ず参加できる成績を残して、七夕（韓国語ではチルソク）の夜に再会することを約束する。

その後文通で連絡をとりあう二人だが、双方の両親は交際に反対である。山本譲二演ずる郁子の父親は、「外人でも何でもええけどのー、朝鮮人だけはいけんのんじゃあ！」[29]という強烈な言葉を郁子に叩きつける。彼の仕事は流しの歌手であったが、カラオケ・ブームに押されて心は荒れていた。『カーテンコール』における幕間芸人の消え行く悲哀と同じことが、『チルソクの夏』の流しの歌手にも言えた。仕事場である酒場の多くは、在日コリアンによって経営されており、生活面では彼らの経済力に依存している。かつての被植民地民族の恩恵のもとで自身の生活基盤が成立していることに、生理的な屈辱感を感じていた父親は、在日コリアンを差別することでしか、自分の誇りを維持できない。そのやるせなさと焦りを、山本譲二は迫真の演技で伝えている。彼が下関出身であることも、演技に強いリアリティを与えていよう。

当時の日韓交流は、公的な行事レベルでは大きく進展していたが、いったんことが私的な関係に及ぶと、とたんに日本人の潜在意識下の差別感情が顕在化した。それでも郁子は、アンと交わしたチルソクの約束を支えに陸上を続ける。一方アンは、大学受験のため陸上をやめざるを得ない状況に追い込まれて行く。兵役義務がある韓国では、浪人は致命傷なのだ。そんなわけでアンは、「関釜陸上競技大会」の最終選考会に出場しなかった。しかし、個人的にトライアルをしてもらってやっとのことで下関にやってくる。そして二人は、チルソクの夜に再会を果たす。微笑ましい若い二人のデートが描かれるが、そんな時さえ日韓関係や南北統一問題などを熱く語るアンに対して、郁子は驚きを隠せない。以下は二人の会話である。

「同じ17歳なのに、どうしてそんなことが考えられるの。私たちが学校で話すことなんか、タレントの誰が好きだとか、そんなことばっかり。私たちは、気楽なんよね。」（郁子）

「だから日本は平和でいいんだよ。早くコリアもそうなればいいな。うらやましい。」（アン）[30]

二人は、アンが大学を卒業し兵役を務め終えた後にまた会うことを約束して別れるが、それは果たされない。下関陸上競技場「5番ゲートで待つ」[31]の誓いの言葉は、時の流れの中で色を失って行く。

20数年後、日本経済のバブルがはじけしばらく中断されていた大会が、匿名希望の資金提供者のおかげで再び開かれる。体育大学を卒業し、結婚し、離婚も経験した郁子は、記憶の断片を継ぎ合わせるかのようにしてその大会運営に深く関わる。大会終了後、かつてのチルソクの夜の思い出に浸る郁子は、大会委員の一人にメモを渡される。そのメモには「5番ゲートで待つ」とあった。匿名の資金提供者とは、韓国で成功したアンだったのである。郁子は、アンの待つ5番ゲートにゆっくり近づいて行く。日本海を越えた青春の一ページが鮮やかに蘇えるこのラストシーンは、とても印象的だ。実はこのラストシーンにはポストスクリプトがある。アンが壁に身を寄りかけながら郁子を待っていた5番ゲートに、2012年夏、『チルソクの夏』の記念プレートが設置されたのだ。

この記念プレートの除幕式のために下関入りする予定だった佐々部監督は、山口に立ち寄り山口大学で講演してくれた。監督は、映画屋と評するのがぴったりの人柄で、それでいて職人特有の気難しさなど微塵も感じさせない気さくな人であった。監督は、『チルソクの夏』をきちんと撮るには、陸上のシーンが重要であると考え、映画の中心となる4人の女子高校生役には、実際に走れて跳べる女優を選んだと言う。郁子役の水谷妃里は、中学校で陸上競技の選手として活躍していただけあって、映画の中の彼女の背面跳びは、美しい放物線を描いている。真理役の上野樹里の走りっぷりもなかなかのものである。オーディションで落とした役者の中には、いまをときめく若手女優の３人もいたらしい。リアルな映像を撮るために実際の運動能力を重視したという点に、佐々部清の映画屋としてのこだわりを感じたものである。

新井英一の魂の叫び
「清河への道」

『パッチギ！』の中の「恨」にも通ずる苦難を「乗り越えよう」とするコリアン・スピリット、『パッチギ２　Ｌｏｖｅ＆Ｐｅａｃｅ』の中の生命力、『風の外側』の中の夢を諦めない粘り強さ、『カーテンコール』の中の母国への望郷の念と家族の絆、『チルソクの夏』の中の海峡を越えたロマンティシズム、それらをすべて凝縮した歌がある。新井英一こと朴英一《パク・ヨンイル》が歌う「清河への道」だ。父親が生まれた慶尚北道の田舎町清河に、自分のアイデンティティを求めて玄界灘を越えて行く歌である。
自らを在日と言わず「コリアンジャパニーズ」と称する新井は、15歳のときに福岡県の家を出て、山口県岩国市の米軍キャンプ周辺の酒場などで働き、米兵が聴くブルースの魅力に取り憑かれる。21歳のときにアメリカに渡り、帰国後、内田裕也に見い出され、29歳のときにアルバム『馬耳東風』でデビューしている。そして、1995年、アルバム『清河への道〜48番』で第37回日本レコード大賞アルバム大賞を受賞。同アルバムは、TBSの報道番組『筑紫哲也NEWS23』のエンディングテーマ曲に使用されもした。彼がその番組において生で「清河の道」を弾き語り始めたときの衝撃は、ビートルズの「抱きしめたい」がトランジスタラジオから流れてきたとき以来のインパクトがあった。剥きだしの感情吐露というのは、こういうのを言うんだと、痛感した。

清河への道
アジアの大地が見たくって、俺は一人旅に出た

玄界灘を船で越え釜山の港を前にして
夜が明けるのを待っていた（中略）

やっときたかとふるさとが、両手広げて喜んで
迎えてくれているような愛しい大地の風が吹く
一人で歩く清河への道（中略）

悲しい時代があったこと、俺は忘れちゃいないけど
過去を見ながら生きるより明日に向って生きるのが
人の道だと気がついた（中略）

旅から我が家に帰りつき、迎えてくれる家族見て
みんなの笑顔が嬉しくて家族が俺の国だよと
妻と子どもを抱き寄せた（中略）

俺のルーツは大陸で、朝鮮半島と言うところ

俺の親父はその昔海を渡ってきたんだと
ひ孫の代まで語りたい

アリアリラン　スリスリラン、
アラリヨ　アリラン峠を俺は行く[32]

日本にとって、在日コリアンの歴史は、外国人の歴史ではない。かつて、日本が直接関わって形成してきたという意味で、「もう一つの日本史」とも言えるのだ。在日1世は、日本人だった時期を自己史の中に抱えているという事実もある。それゆえ、もっと彼らが暮らし易い日本社会であろうという意識が日本人に必要である。その意識が日本人のコンセンサスになったとき、日本は「自民族中心主義」を脱して、「多文化主義」(multiculturalism)を受け入れたと胸を張れよう。在日差別を残したままでの日本のグローバル化などあろうはずもないのだから。

第3章

2013年のソウルと北の脅威

1.「パルリ、パルリ」（速く、速く）文化

21世紀に入って以降の韓国経済は、アジア通貨危機のダメージを克服し、いくつかの問題を残しつつも、基本的に右肩上がりの成長を遂げてきた。その過程で、ＩＴに象徴される新しい産業分野の貢献は、誰も否定できない。また、グローバル市場開拓に大きく寄与した高い水準の英語教育も、新生韓国の象徴である。

こうした新しいことに果敢に取り組もうとする進取の気風、後に述べる整形美容にもＫ-ＰＯＰスターの養成課程の厳しいトレーニングにも如実に現れている限界に挑戦する向上心、加えて、「パルリ、パルリ」（速く、速く）という掛け声のもと全速力でものごとを成していこうとするスピード感。筆者は、この3つの特性を、21世紀韓国人の「3大ナショナル・アイデンティティ」と名づけている（20世紀までのそれは、反日反共、そしてその背景にある「恨」であったろう）。

２０１3年初頭のソウルを歩いてみて、その新しい「3大ナショナル・アイデンティティ」は、さらに強靭さを増しつつあると感じる。特に3番目のアイデンティティは、一層加速度を身に纏ってきているようだ。２０１０年度のインターネット・スピードのランキングで、韓国は堂々世界第1位に輝いている（日本は第3位）。また、ソウルの街をひた走る

「F1タクシー」（筆者の造語）も相変わらず顕在である。僅かのスペースさえあれば割り込んで前に出ようとするドライビング・テクニックは、伝説のF1ドライバー、アイルトン・セナばりだ。ソウルという東アジアの中心都市は、いまもフルスロットルで疾走し続けている（疾走に伴う事故発生のリスクも当然内在している）。

そんなわけで、美味しいレストランの前で、行列を作ってまで行儀よく待つ日本人の辛抱強さは、韓国人の理解力を越えているらしい。待つことでしか得られない至福の追求は、待つことが苦手な韓国人には馴染まない。自販機のコーヒーが注がれる僅かばかりの間が待てなくて、取り出し口から無理矢理コーヒーを取り出そうとして、手に熱湯を受けて火傷しそうになる人が結構いるのだと、韓国からの留学生が教えてくれた。

2. ソウルの整形美容事情の背後に見える韓国人気質

韓国人は、自分の外見が親からの遺伝子のみによって決まることを潔しとしない。自分の人生を大きく左右する外見を自分で「作る」（make up）のは、人間の権利だと考えているようにも思える。また、外見はその人の「能力あるいは履歴」の一つだとする社会通念の存在も見逃せない。実際、企業の人事担当者も、同じ実力なら外見のいい方を取ると公言してはばからない。

だから、女子大生の中には、就活のために整形するケースも少なくない。また、女性の社会進出率の低い韓国では、女性の人生において結婚がとても大きなウエイトを占めるので、整形がよりよい伴侶を得るための手段だと割り切られてもいる。一方、男性も整形に積極的で、故盧武鉉《ノ・ムヒョン》元大統領が任期中に二重瞼の手術をしたことは有名であり、イケメン・アイドルたちも堂々と整形を公表したりする。お金があればあるほど上手で失敗の少ない整形手術を受けることができ、はっきりとした目元と矯正による美しい歯並びは、韓国では「育ちのよさ」を表す「記号論」(semiotics)として機能しているのである。親が進んで子息に美容整形を受けさせる現象は、韓国の教育熱の高さと性格を同じくしていよう。

国際美容外科学会によると、2000年における韓国の美容整形手術は1万3800回で、日本の約2倍。人口比を加味すると約5.5倍になる。美容整形市場は5000億ウォン規模で、アンダーグランドを入れると3兆ウォンを超えると言う。25~29歳女性の6割が「整形手術を受けた」とのデータが出ている程、美容整形は浸透しているようだ。ちなみにソウルの美容整形激戦区は江南に集中し、そこでの技術レベルは他よりも一段高く、当然値段も高くなる。

『絶対の愛』

美容整形天国である韓国にも問題はいくつかある。美容院に行く感覚で気軽に整形院の門を叩く人が多く、何度も繰り返し整形する人も少なくない。その結果、回復が難しい医学的な奇形や、精神分裂症が生じてしまうような場合もあるそうだ。また整形中毒になる人も多く、整形をした人に対する心理面でのサポートが重要視されてもいる。

金基徳（キム・ギドク）監督の『絶対の愛』は、そうした整形中毒とそれに伴う精神分裂を扱った映画である。韓国きっての奇才監督は、整形を単なる美の追求手段として捉えるのではなく、美に対する人間の貪欲さと虚しさ、さらにはアイデンティティ危機の問題に結びつけて、過度に美容整形に依存する韓国社会のブラック・ホールを描いている。

パク・チョン演ずる女性セヒは、つき合いはじめて2年になる恋人がいる。しかし、ハ・ジョンウ演ずる恋人ジウの愛を信じきれず、自分が飽きられてしまうのではないかという不安を抱

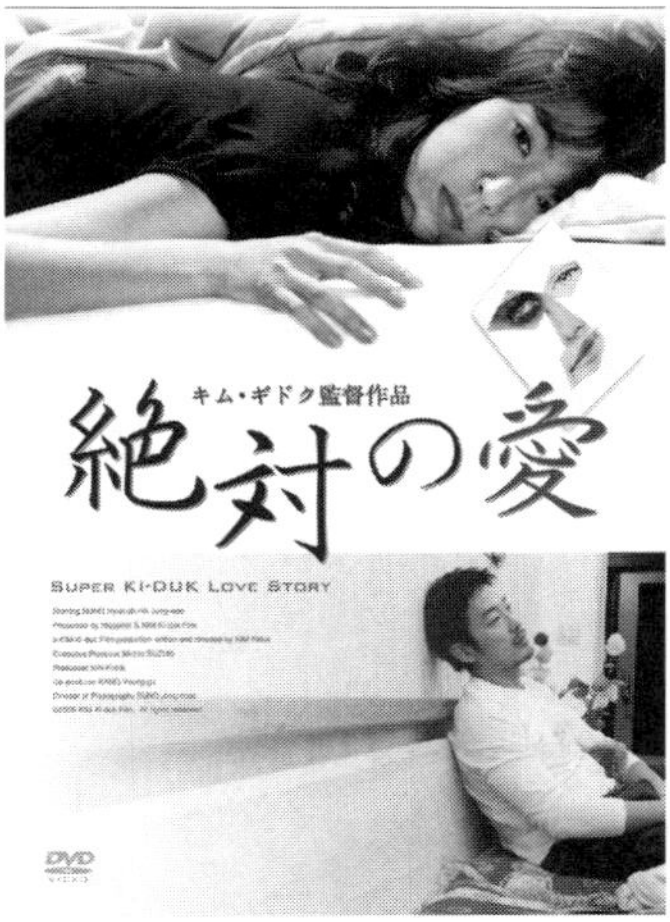

く。そこで彼女は、新たな自分に変身すれば、ジウの心を繋いでおけると思い、整形を決心する。凡百の映画のプロットなら、美しくなったセヒは、颯爽とジウの前に現れるのだろうが、『絶対の愛』では、セヒは別の女性スェヒになりすまし、ジウを誘惑する。ジウが過去の自分と現在の自分のどちらを選ぶかを試そうとするのである。しかし、セヒとしての自分はスェヒに嫉妬し、スェヒとしての自分はセヒに嫉妬するようになる。その自己矛盾に耐え切れず、セヒでもスェヒでもない自分を求めて、さらなる整形（第三の自分）に逃げ込んで行く。金基徳は、整形によってその人間の過去が、あたかもパソコン上においてワンクリックでゴミ箱に捨てられるかのように、お気軽に消去されて本当にいいのかと韓国社会に問題提起している。それにしても、金基徳特有のえぐいプロットに、身体を張って挑んだスェヒ役のソン・ヒョナの鬼気迫る演技には圧倒されてしまう。

こうした韓国の美容整形事情も、２０１３年時点では、少し様変わりしつつあるようだ。これまでは、肉体に多少の負担をかけても容貌を劇的に変える手術が主流であった。しかし、最近では、そんなに身体に負担をかけず、ナチユラル感を残した整形が主流になりつつある。大幅な整形をともなう手術は、行なう方にも受ける方にもリスキー過ぎると、韓国人たちが考え始めた結果であろう。そんな資本主義社会の飽くなき欲望が渦巻く社会のすぐ北に、皮肉にも、明日の生活さえおぼつかない共産主義国家が対峙しているのだ。

3. 脱北者にとっての「約束の地」ソウル

ソウル市内の教保文庫で手に入れた*Escaping North Korea*なる本には、北朝鮮人民の食糧事情が相次ぐ飢饉によって逼迫している様が生々しい写真を添えて記述されていた。それによれば、「先軍政治」（軍事優先の政治）の北朝鮮なのに、「兵士さえ栄養が充分に取れていないので、彼らは30分の訓練にも耐えられないだろう」[1]とある。また、「北朝鮮の平均的家庭では、1日2食で、主食はトウモロコシの薄粥で、それを365日維持できたら、その家庭は裕福と見做される」[2]と言う。加えて、「肉などが食卓に上ることは決してない」[3]とも述べられている。1960年代までは、韓国より豊かだった北朝鮮の食料事情がここまで悪化したのは、金日成（キム・イルソン）の掲げた「主体農法」の失敗に起因する。

外国に依存していると、国家の理想を維持できなくなる。そうならないように、すべてを自分たちで行なおうというのが「主

体」（チュチェ）思想の基本的な理念である。これを農業に当てはめると自給自足が原則となる。そうして始まったのが「主体農法」であったが、金日成が指導したことは、収穫量を増すために、稲を異常な密度で植えさせたり、土留めもなしに段々畑を作らせたりといった無茶苦茶なものばかりであった。それゆえに、いたずらに農地を疲弊させるのみであった。独裁国家北朝鮮の悲劇は、その指導者の間違いを、多くがわかっていても誰一人指摘できなかったことだ。さらに、１９９０年代に発生した大水害が、食料危機を一層深刻なものにした。

加えて、経済政策の失敗が悲劇に拍車をかけた。２００３年、金正日が闇市場（チャマダン）を合法化したため、国家所有の食料までが、腐敗した権力者たちによって市場に横流しにされ始めた。その結果、優先配給対象であるはずの兵士のもとに食料が届かない現象が起こったのである。前述の兵士の栄養失調は、こうした背景を有する。

金正日はまた、「強盛国家」を実現するという虚構を国内外に宣伝するために、平壌を高層ビルが建ち並ぶショウウインドウにしようと、そこに資本と労力を集中的に投入した。その結果、平壌とそれ以外の地域との格差はますます拡がり、食べるのもままならない破綻国家から国外への逃亡を試みる脱北者が多数発生する事態を招いてしまった。２００９年の脱北者の数は、判明しているだけでも３０００人近くに上った。

『クロッシング』

その脱北者の心底や逃亡に至る過程を、北朝鮮人民の視点から捉えた映画が金泰均（キム・テギュン）監督の『クロッシング』である。そこでは、人々の貧しくも慎ましく肩を寄せ合っていた幸せな暮らしが、独裁者の悪政によって崩壊し、飢餓にまで陥り、生きるために家族が離れ離れになって行く状況が痛々しいまでの写実主義で描かれている。さらに、独裁政治を批判しようものなら国家・社会の秩序を乱すとして、すぐさま逮捕される理不尽さをも、映画ははっきりと写し出している。加えて、脱北の成功率を高めるに一番効果的な手段とされ、実際に組織的なアンダーグラウンド・コネクションを構築しているとされる脱北ブローカーの存在をも、巧みにプロットに盛り込んでいる。車仁杓（チャ・インピョ）演ずる主人公ヨンスが、北朝鮮と中国との国境を流れる豆満江を越えて中国吉林省龍井市（延辺朝鮮族自治州）に入り、なけなしのお金をブローカーに渡し、その組織力に導かれてソウル

への亡命を果たしているのだ。

多くの脱北者は、脱北に成功しても警察に見つかればすぐさま強制送還となる中国よりも、自分たちを支援してくれる体制が比較的整っている韓国を亡命先に選ぶ傾向が強い。また、言語の壁が立ちはだかる中国より、同じ言語を母語とする韓国の方がはるかに暮らしやすく、将来への希望が持てる。韓国では、警察の目に怯えることなく、市民権を得て暮らすことができるのである。そして、家族を呼び寄せる資金を貯めることも中国より早くできる。「コリア・レポート」を創刊した辺真一（ピョン・ジンイル）が責任編集した『どうなる！　これからの北朝鮮』には、以下の様な文章が見受けられる。

いまやこの脱北ブローカーは、一つのビジネスとして確立されており、中国や韓国に渡った脱北者の中には、北朝鮮に残った家族を呼び寄せるため、懸命に貯蓄に励む者も少なくないと言う。[4]

この記述内容は、映画『クロッシング』では、ヨンスが祖国に残した息子ジュニを呼び寄せるために、ソウルで身を粉にして働く姿に投影されている。人間の極限状態における行動と心情を描いた『クロッシング』を観た後、テレビキャスターの赤江珠緒は、そのときの衝撃に以下のようなコメントを添えている。

生きるということが、あまりにも日本と違い、頬を打たれた思いです。エンディングの無邪気な外国人観光客と自分が重なりました。手が届きそうな所に存在する理不尽な世界。それでも変わらない親子の情愛は、むしろ美しく、涙が止まりません。どんな感動の映画でも、太刀打ちはできないでしょう。なぜなら、これはいま起きているニュースだから。[5]

4．ソウル市民にとっての北の脅威

世界の孤児となりつつある北朝鮮は、追い詰められた者が焦燥感から凶暴化するのと同じように、常識的には考えられない行動に出ることがある。過去には、ラングーン事件、大韓航空機爆破事件があり、記憶に新しいところでは、延坪島砲撃事件があった。

この北朝鮮による砲撃は、北朝鮮が発表した韓国の軍事訓練に対する牽制以外の目的も潜んでいただろう。２０１２年2月16日の北朝鮮の労働新聞は、この砲撃は金正恩（キム・ジョンウン）が指揮していたことを公表している。加えて、「金正恩指導者の非凡な知略と戦術で敵の挑発は挫折し、延坪島は火の海になった」[6]とも伝えている。これらの記事の背後には、金日成軍事総合大学で砲兵指揮を専攻したとされている金正恩のカリスマ性を実践によって高め、親から息子への権力移譲をスムーズに運ぼうとした北朝鮮当局のしたたかな策略が見え隠れしたものだ。この北朝鮮との軍事境界線から車で1時間、距離にして約60kmに位置するソウルで暮らす人々は、常に北の脅威を感じている。日頃、いかに無関心と平静を装っていてもである。

その北の脅威を描いたテレビドラマ『アイリス』は、最高瞬間視聴率50・2%、平均視聴率30%強（KBS調べ）という驚異的記録を残した。この数字の裏には、キャスティングやプロットの妙以外に、北への恐怖感の存在を否定できないであろう。

『アイリス』

日本人がサスペンスとして観たテレビドラマ『アイリス』を、多くの韓国人はノンフィクションに近い感覚で観たはずだ。光化門周辺で繰り広げられた北と南の凄まじい銃撃戦、あるいは一つ間違えばソウルが火の海と化す危険性などは、ソウル市民にとって決して想定外ではない。平壌及び板門店の動向次第では、現実にあり得ることなのだ。

では、『アイリス』が反共ドラマかというと、それは違う。『アイリス』は、韓国の国家情報機関の実状及び朝鮮半島の分断を長期化させている国内勢力の存在など、長い間、韓国内でタブー視されてきた問題をもえぐり取っている。『アイリス』は、どちらかというと、韓国の最高権力機関である大統領府（青瓦台）あるいは中央情報部（ＫＣＩＡ：現在の国家情報院）に対してのメッセージ性を色濃く反映させているドラマと言える。加えて、軍隊と軍需産業を中心とした軍産複合体に対する批判さえも垣間見ることができる。

朝鮮半島が国外の軍産複合体にとって、魅力的な市場であることは言うまでもないが、韓国国内にもその複合体は存在する。金大中政権時代に南北首脳会談を担当した林東源（イム・ドンウォン）国家情報院長兼統一省長官は、２００７年の講演で、朝鮮半島の平和体制構築のための軍備統制交渉を進めるにあたり、障害の一つとなっている軍産複合体について、はっきりと「国内外の軍産複合体の反発を乗り越えるのが最も大きな問題になります」[7]と語っている。

同時に『アイリス』は、これまで韓国のテレビドラマでは越えられなかった表現上の一線をいくつかの点で越えて見せた作品でもある。李炳憲（イ・ビョンホン）演ずる諜報員ヒョンジュンは、金泰熙演ずる同僚で後に恋人になるスンヒに、「命がけの任務をいくつも果たせたのは、愛国心のおかげではなく、ただ面白かったからです」[8]と告白している。

愛国心を教育の場でも兵役でも一貫して植えつけようとする韓国で、それを何の気負いも見せずに否定している点で、『アイリス』は、これまでのスパイドラマとは一線を画する。

5. 北の若き指導者金正恩

金正恩《キム・ジョンウン》が政治の表舞台に登場したとき、祖父の金日成《キム・イルソン》に風貌を似せようとしていることがはっきりとわかった。ヘアスタイルやふっくらしたあごの線、拍手の仕方、黒い人民服などは、祖父を強烈に意識していた。この金正恩の姿を観た多くの人が驚きを隠せなかった。しかし、ここで素朴な疑問が湧く。なぜ父親の金正日ではなく、祖父の金日成なのか？この点について、高英起（コウ・ヨンギ）デイリーＮＫ日本支局長は、以下のように分析している。

北朝鮮の食料難が深刻になり始めるのは１９９０年代中盤からだ。金日成が死去するのが１９９４年。つまり、北朝鮮の食料難は金日成の死去とともに始まった。もちろん、食料難の根本的原因は金日成時代の経済政策の失敗だが、比較的「食べられた」時代を知る北朝鮮民衆からすれば、相対的に金日成時代がよかったというイメージを持つのは致し方ない。[9]

毎日新聞は、ある脱北者の話として、「金主席に対する敬意と尊敬を１００とすれば、金総書記は70、金第一書記は30程度」[10]という言葉を紹介している。「30程度」と評価された金正恩は、その評価を上げようとしてか、朝鮮労働党幹部を前に、統制経済の行きづまりによる深刻な経済危機から脱却するため、資本主義的手法を取り入れた経済論議を容認する姿勢を示した。加えて、李雪主（リ・ソルジュ）夫人を報道カメラの前に連れ出し、祖父と父親の独裁者的イメージを払拭しようとする姿勢も見せている。

その一方、『朝鮮日報』によれば、金正恩が朝鮮人民軍最高司令官に就任後、粛清された者は2桁に登るとされる。その中には、金正恩が「髪の毛1本も残すな」[11]と指示した結果、公開処刑の手段として、迫撃砲が用いられた事例もあったと言う。また、金日成生誕１００周年記念軍事パレードにおいては、金正日の政策である「先軍政治」の継承と核抑止力の保持を強調したらしい。それを証明するかのように、２０１3年3月、北の核抑止力強化に対して国連安全保障理事会が対北制裁を大幅に強化する決議案を全会一致で採択すると、北朝鮮は、「米国が核戦争の導火線に火をつけようとする以上、侵略者の本拠地に核先制攻撃の権利を行使することになる」[12]との声明を発表している。新基軸を打出そうとする面と従来の強硬路線を継承しようとする面とを併せ持つ新たな北の独裁者は、ここへきて、大きく後者の方に舵を切りつつあるように思える。

このように益々孤立を深める北の動向について、独自の北朝鮮取材を続ける石丸次郎氏は、新しい通信技術が現政権の隠蔽体質を明らかにし、人民に本当の世界情勢（特に韓国の繁栄）を伝え、そしてその新しい情報が北朝鮮を変える可能性を指摘している。

> 北朝鮮政権は、世界のデジタル・ＩＴ化の潮流自体に抗うことはできない。「デジタルの脅威」は時とともに力をつけて行き、新体制を揺さぶる存在に成長する可能性がある。[13]

２０１１年、チュニジア、エジプト、リビアなどの中東の強権国家で政権を短期間に転覆させた「アラブの春」において、民衆集合の際に重大な役割を果たしたのがインターネッ

ト と携帯であった。これと同じことが北朝鮮で起こらないとは誰も言い切れない。現実に、２０１３年新年早々、グーグルのエリック・シュミット会長が北朝鮮を訪問し、平壌科学技術大学などインターネットが接続されている施設を視察している。２０１２年の北朝鮮によるミサイル発射問題の後だけに、米韓両政府は訪問時期が不適切と遺憾の意を表明していた。それを無視しての訪問強行の裏には、何らかの目論見があると思われる。

もう一つの変革への可能性は、父金正日に対して国家の在り方に疑問を投げかけ、経済の改革・開放を提言したことで国外に追放され、現在中国に保護されている長男金正男（キム・ジョンナム）氏が中国の後ろ盾で北朝鮮の指導的役職に就くことにあろう。開明派の兄が弟の地位に取って代われば、一筋の光明が北朝鮮にも見えてくる。これまで北朝鮮を支持してきた自国の立場が、正恩の暴走によって悪化するとの中国の危惧を思えば、あながち有り得ない筋書きではない。金正男氏との７時間のインタビューに成功し、１５０通ものメールのやり取りをした五味洋治東京新聞編集委員は、以下のように言っている。

経済成長最優先、隣国安定が至上命題の中国にとって、隣国で混乱が発生することは非常に都合が悪い。そのとき、「正男氏擁立シナリオ」が現実味を帯びてくる。[14]

6. 資本主義の黄色い風

デジタル機器の普及によって、韓流ドラマや映画、さらにはＫ‐ＰＯＰさえもすでに北朝鮮の一部人民には届きつつある。多くの場合、流通源は朝鮮族が多く住む中国の延吉や丹東である。そこで衛星放送を通じて韓国のドラマや音楽番組が録画され、さらにダビングされて北朝鮮に入り込んでくるらしい。しかし、販売や鑑賞が発覚すれば処罰される。ちなみに、服役期間は2〜5年で、過酷な労働が強要されると言う。そんな厳しい状況下にも拘わらず、北朝鮮では韓国文化を享受しようとする人たちが後を絶たない。

スイス留学を体験し、資本主義文明の風にも触れてきた金正恩自身は、その風に対する拒否反応は比較的少ないはずだ。しかし、同時に彼は、いわゆる「資本主義の黄色い風」にまみれることは、北の指導者としては許されないことを骨身に沁みて知ってもいる。兄（次男）の金正哲（キム・ジョンチョル）は、ドイツでエリック・クラプトンのコンサートを恋人と一緒に鑑賞している姿を、偶然、日本のフジテレビの映像によって写し出され、後継者候補から外されて行った。その経緯を金正恩は傍で見つめてきているのだ。

そんな異文化排斥の続く北朝鮮当局でさえ、人民の異文化への好奇心は止められないようだ。それどころか、少し規制を緩めつつあるようにも思える。つい先日、日本の報道番組で流された映像において、北朝鮮女性バンドのバイオリニストたちの少女時代風ミニスカートを身に纏って演奏する姿が紹介された。これには少なからず驚かされてしまった。

また、元爆風スランプのファンキー末吉と平壌の高等中学校生たちとの音楽交流を描いた『平壌6月9日高等中学校・軽音楽部：北朝鮮ロック・プロジェクト』なる本が日本で出版された。自由すぎて自由の本当の意味がわからなくなっているかのような日々の中で、アイドルがエレキギターを持っただけでロックだなんてふざけたことを言っている現在の日本と違って、不自由な状況下で、聞いたこともなかった新しい音楽を通して自由をその手で掴もうと格闘する平壌の少女たちのかき鳴らすサウンドの方に、ロック・スピリットは確実に存在する。ファンキー末吉は、次のように少女たちとの音楽交流を語っている。

ロックでこの国を変えてやろうなどとは思っていない。（中略）たかだか高等中学校の音楽クラブの「不思議な数日間」でしかない。しかし多感な彼女たちの中にはこの

ことは一生残るのだ、変な日本人がきて変な「新しい技術」を教えて行った。それがこれなんだ、「ロック」だったんだ、とわかる時代が必ずくる。[15]

ファンキー氏は怒るかもしれないが、筆者の中学時代、親からも教師からもエレキ演奏を反対され、それでも新聞配達をしてエレキギターを買い、密かに仲間たちと練習を重ね、ついに学校の文化祭のステージに立った自身の想い出に、平壌の少女たちの想い出を重ねてしまった。あのステージがなければ、筆者が「音楽社会学」(music sociology)を研究対象にすることは断じてなかった。

北朝鮮の民間レベルでは、同じ言語で歌われるゆえに理解しやすいＫ－ＰＯＰを代表格に、「黄色い風」が微風ではあるが吹き始めたところだ。この風が、北朝鮮の無味乾燥な文化政策に適度な湿度を与え、北朝鮮人民の心を潤す日がくることを祈る。一国の変革なるものが、政治革命よりも意外とそんな文化革命から始まることだって、絶対ないとは言えないだろう。

第４章

日本のＫ-ＰＯＰ受容

1. J-POPとK-POPの比較論

J-POPとK-POPの定義

J-POPとK-POPの共通項は、POPという「ポピュラー音楽」あるいは「ポップス」なる音楽ジャンルを表す言葉である。それなら、両者の比較論は、その音楽ジャンルを定義することから始めなければならないだろう。「ポピュラー音楽」とは、一言で言えば、「商業音楽」である。一人でも多くの人に聴いて貰い、それがコマーシャル・ベースに乗り、商売になる音楽が「ポピュラー音楽」と言えよう。この意味で、1970年代中葉以降商業化されたロックも「ポピュラー音楽」ということになる。

その主な支持層は、10年くらい前までなら若者層としていれば、それで異を唱える人はほとんどいなかった。しかし、現在はそうとも言いきれない。欧米の「ポップス」の洗礼を受けて育った日韓の中高年層は、いまだに若い頃に聴いていた「ポップス」そのもの、あるいはそこから進化した音楽を聴き続けている人が多い。日本では、CDに限って言えば、「ポップス」の主な購買層は中高年層である。タワーレコードなどの大手CDショップの品揃えに、そのことは如実に反映されている。もちろん、音楽配信での「ポップス」

の主な購買層は若年層である。それに比べて、韓国は、音楽配信一辺倒で、ＣＤは絶滅してしまいそうだ。国家戦略として推し進めたブロードバンド・インターネットの普及政策（２００2年当時、韓国のブロードバンド普及率は40％を越え、日本は10％）が、音楽配信中心の音楽マーケットを韓国内で促進し、ＣＤをほぼ駆逐してしまった。

それでは、音楽形態はと言うと、こちらは日韓の音楽状況によって、「媒介変数」(parameter)がかかるだろう。日本では、「歌謡曲」というカテゴリーの中に含まれていた演歌はポピュラー音楽とは見做されていない。いくら大衆的人気に根強いものがあって商売として成立していても、欧米の「ポップス」の影響が見られない点を分水嶺にして、もっと具体的に言えば、西洋音楽の音階とは違う「ヨナ抜き音階」と独特の「こぶし」を利かせた歌唱法を境目にして、演歌はＪ‐ＰＯＰから切り離されてしまった。

対照的に、日本統治時代に日本の演歌から発展した韓国演歌のトロットは、ダンサブルなリズムが作用して、辛うじて（ある意味で堂々と）Ｋ‐ＰＯＰの枠組みの中に残っている。もともと、トロットは、フォックストロットというダンス音楽が語源である。ちなみに、トロットのテンポを速めて、ワイルドなダンス音楽に転化させたのがポンチャック・ディスコで、下層階級に人気がある。以上を要約すると、音楽形態としては、Ｊ‐ＰＯＰは伝統を切り捨て、Ｋ‐ＰＯＰは伝統を取り込んだと言えよう。

さて、J-POP及びK-POPなる言葉が使われ始めたのは、いつ頃からであろうか。日本では、1990年代、黒人音楽の影響を色濃く受けたシンガーやミュージシャンが、それまではニューミュージックという言葉でひっくくられていたロックやフォークの中にさえ存在した東アジア特有の湿度の高い情念を薄めつつ、より洗練された音楽性を指向し始めた頃からJ-POPという言葉が世の中に浸透し始め、やがて「歌謡曲」なる言葉を駆逐した。一方、韓国ではいまだに「歌謡」(カヨ)という言葉が残っている。テレビを観ていても、アイドルたちの「歌謡界でトップに立ちたいです」といった発言を頻繁に耳にする。それどころか、韓国内では「歌謡」の方がK-POPより通りがいい。もちろん、海外向けのテレビ音楽番組(出演者も司会者も英語で喋る)では、「K-POPを世界に広めたい」といったフレーズが頻出する。それからすると、K-POPという言葉は、1990年代後半から2000年代初頭にかけて、韓国の音楽シーンが国内市場から海外市場に舵を切った頃から使用され始めたと概説できよう。君塚太著の『日韓音楽ビジネス比較論』では、以下のように総括されている。

J-POPという言葉は「内需」のために生まれ、後に世界に日本の音楽を紹介する際のコピーにもなった。K-POPは最初から「外需」のために使われている。そこに両者の違いはある。[1]

内需に頼ることのできるＪ‐ＰＯＰの市場規模（世界第2位）と、外需に頼らざるを得ないＫ‐ＰＯＰの市場規模（日本の約15分の１）とでは、そのビジネス戦略は違って当然である。Ｋ‐ＰＯＰの世界進出に際して、韓国では政府自ら手厚く支援する戦略に出ている。２００1年、「コンテンツ・コリアンビジョン」を発表後、韓国コンテンツ振興院（日本の文部科学省に相当する文化体育観光部の外部組織）を設立し、Ｋ‐ＰＯＰの海外進出に対して、予算の最大5割まで援助している。援助の対象は、海外ツアーにかかる航空運賃、滞在費、イヴェント制作費、海外販売が予定される原盤及びミュージックビデオの制作費など広範囲に渡る。加えて、大統領さえＫ‐ＰＯＰに追い風を吹かそうと懸命だ。

２０１1年、李明博《イ・ミョンバク》大統領は、グーグルのシュミット会長と会談し、ＹｏｕＴｕｂｅにＫ‐ＰＯＰ専用チャンネルを作るという合意を引き出して見せた。こうした国家規模のバックアップを受けながら海外進出を目指すアイドルを関西大学博士課程の李承美は、「グローバルアイドル」[2]とカテゴライズしている。

韓国貿易協会がアジア各国の取引担当者にアンケートした結果によると、8割以上がＫ‐ＰＯＰ及び韓国映画などのソフト・コンテンツが韓国ハード・コンテンツの購入に好影響を与えていると回答している。韓国政府は、K‐POPを始めとするソフト商品とサムスン、ヒュンデなどが生み出すハード商品とを結びつけて、韓国のブランドイメージを向上させる国家戦略を取っているのだ。グローバル化は、韓国エンターテイメント業界だけが選択した戦略ではなくて、産業界や国家も選択した国家戦略なのである。

J‐POPとK‐POPの音楽性の違い

J‐POPは、アイドルたちと自作自演のミュージシャンでは大きく音楽性が異なる。日本のアイドルシーンは、世界に類を見ない特殊な市場である。少女アイドルの場合は、あまり歌が上手かったり、ルックス及びスタイルがよすぎたりしたら、アイドルには不適格とされる。つまり、ファンとあまりにも距離感のあるタレントは、アイドル候補から外されるのだ。各種オーディションでも、そういう志願者は最初に落とされるのが常らしい。AKB48の仕掛け人秋元康は、「クラスの中で4番目か5番目に可愛い子というコンセプトで選んでいる」といろんなところで公言している。少女アイドルとしては、主要支持層のオタク男子たちが想像上だけでも自分の手に届きそうな女の子が好まれるのだと言う。少年アイドルは、逆に女の子たちが嬌声を上げるくらいの王子様的キャラクターが好まれる。しかし、高い音楽性が要求されないのは、ほぼ少女アイドルの場合と同じである。筆者は、この当然なければいけない機能がないことを売りにする状況を、いろんな機能があり過ぎて国内でしか通用しなくなってしまった日本の家電製品の逆バージョンと捉えて、「日本アイドル界の逆ガラパゴス化現象」と呼んでいる。両者とも、必然的に国内市場だけでしか通用しない。海外市場では、たとえ短期的に人気が出ても、持続性のある人気は望めないのである。

一方、国内市場に頼れず最初から海外を目指さざるを得ない韓国のアイドルは、男女を問わず世界レベルの音楽性に自分たちのそれを合わせて行くこととなる。歌もダンスも徹底的に訓練され、その訓練期間はデビューまで3年から7年を要するらしい。このアイドル育成法は、韓国では「孵化システム」(incubating system)とも「インハウス・ファーム・システム」(in-house farm system)とも呼ばれていて、歌、ダンス、演技、語学などのトレーニングを極めて高いレベルで強いる。

このような訓練法に耐えられる日本の若者は、非常に少ないに違いない。兵役、厳しい受験戦争、北の脅威ゆえの恒常的な危機感に晒されているからこそ、韓国のアイドル候補生たちは、ときには行き過ぎとも思われる訓練にも耐えられるのであろう。加えて、実力もルックスも完璧でなければならず、一般人が備えていない芸能スペックを有していることが、K‐POPアイドルの大前提なのである。スペックを高めるには、美容整形も躊躇わず取り入れて行く。

では、話をもっと細分化して、アイドルたちが歌う楽曲に焦点を向けてみよう。楽曲そのものは、大まかに捉えて、J‐POPはメロディ重視、K‐POPはリズム重視と言えるだろう。それと、K‐POPの場合は、かなりR&BやHIP‐HOP感覚が前面に出た曲でも、必ずといっていい程、キャッチーなフレーズを繰り返すパターンを踏襲している。これを「フック」と言う。それは、「引っかかる」という意味から派生して「心に引っかかるフレーズ」という意味である。同時に、そのフック部に合わせて覚えやすく真似しやすいダンスが絡みつく。これを「ポイント・ダンス」と称する。

K‐POPアイドルたちのヒット曲は、ほぼ例外なく「フック・ソング」であり、「ポイント・ダンス」が付随している。そしてそのパフォーマンスの基本には、「カルグンム」と呼ばれる刃物のように切れ味鋭いダンスと一糸乱れぬ同時性が潜む。J‐POPは、K‐POPのようなフレーズの繰り返しではなく、「サビ」と呼ばれる印象的なメロディが中間部に挿まれる。そして、その「サビ」部をより印象づけるための豪華なアレンジが施されることが多い。

楽曲づくりの手法は、日本も韓国もあまり差はない。作詞、作曲、アレンジは、それぞれのプロフェッショナルたちが、自分たちの持ち場で仕事をして、それぞれのアイドルのキャラクターに相応しいコンセプトにのっとった楽曲を仕上げる。そこでは、曲づくりの段階から、アイドルたちの売り出し方まで考慮したビジネス戦略が優先される。この点に関しては、小室哲哉、つんくが生み出したプロデュース方式とK-POPの仕掛け人・李秀満（イ・スマン：SMエンターテイメント）や楊玄石（ヤン・ヒョンソク：YGエンターテイメント）が生み出したプロデュース方式とは、類似点が多い。

この方式に対して、作詞、作曲を自分で行い、場合によっては自分で楽曲なりアルバムなりをプロデュースする方式を「セルフ・プロデュース」方式と称する。アイドル以外のJ-POPシーンでは、この方式が主流である。桑田佳祐、斉藤和義、奥田民生、福山雅治、宇多田ヒカル、YUIなどは作詞・作曲とも手掛けるシンガーソングライターだし、西野カナ、越智志帆（スーパーフライ）はほとんどの楽曲の作詞を手掛けている。

それに比べ、韓国では、アイドル以外のK-POPシーンでも歌手は歌手に徹する方式が主流である。それを象徴したのが韓国のテレビ番組『私は歌手だ』であった。この番組では、韓国のトップクラスの歌唱力を誇るベテラン歌手が毎週数人登場し、カヴァー曲を歌うミッションを与えられる。それを一般公募で集められた500人の観客が評価し、最下位の歌手は次週には出場権を失う。そうして、7回のサバイバル・レースを勝ち残った者は「名誉卒業生」となる。「韓国のスティービー・ワンダー」と呼ばれる国民的歌手・金健模（キム・ゴンモ）さえ、脱落を余儀なくされ、物議を醸した。それでも、番組の視聴率は高く、ベテラン歌手がこの番組への出演を機に再ブレイクすることも少なくない。

日本では、作詞作曲ができる歌手が「アーティスト」と呼ばれ、アーティスト・クォリティが歌うだけの歌手より高いとされる。一方韓国では、どんな曲も自分の表現力で歌いこなすプロフェッショナルな歌手が真の「アーティスト」であり、セルフ・プロデュース指向の強い歌手より尊敬の対象となる。Ｊ－ＰＯＰのアーティストたちは「つくる」ことで評価され、Ｋ－ＰＯＰでは「こなす」ことで評価されると言えよう。

2. J-POPとK-POPを繋いだBoAと東方神起

K-POP受容黎明期

国際レコード産業連盟の発表によれば、２０１１年の韓国の音楽市場は世界11位となっている。1位はアメリカで、２位は日本である。、しかし、パッケージ商品（ＣＤ）市場に限定すると、日本は世界1位の市場である。日本は、いまだイヤホンから「聞く」よりスピーカーから「聴く」ことに価値観を置くファンが多い、世界的に見て稀有な音楽市場なのである。印税回収に問題が残る音楽配信より確実に印税を回収できるパッケージ商品が幅を利かせている市場は、世界の音楽制作者にとって非常に魅力的である。韓国音楽界にとっても、日本の市場は、領土問題を孕んだ海で隔たれてはいるが、是非とも視野に入れたい海外戦略拠点であるに違いない。

S.E.S.は、１９９７年にデビューした女性３人組グループで、韓国内では、しっかりした実力と可愛さを兼ね備えたＫ－ＰＯＰガールズグループのプロトタイプであった。パンソリで鍛えたパダの歌唱力は圧倒的で、シューとユジンの歌声もバランスが取れている。また、ポンチャック・ディスコを自らの音楽性に取り入れる茶目っ気もあった。

そして、Ｋ－ＰＯＰシーンが最初に日本に送り込んだアイドルグループもS.E.S.であった。最初は、メンバーがそれぞれ英語、日本語、中国語を話せる４人でデビューする予定だったらしく、当時Ｊ－ＰＯＰアイドルグループの先頭を走っていたＳＰＥＥＤを強烈に意識し

ていたらしい。そこで、当時の日本の芸能マスコミでは、S.E.S.を「韓国のＳＰＥＥＤ」と紹介することが多かった。１９９８年10月、バップから「めぐりあう世界」をリリースし、日本デビューを果たしている。そして２０００年５月には、エイベックスに移籍して活動を継続し、ある程度の人気を獲得したが、当時はワールドカップ日韓共同開催前であり韓流に対する日本人の興味が定着しておらず、セールス的には不本意な結果に終わった。しかし、S.E.S.の歌は、いま聞いても色褪せていない。S.E.S.が日本のＫ‐ＰＯＰ受容の黎明期を語る上で、欠かせないグループであることは間違いない。

　S.E.S.が韓国で敷いたレールに乗って成功したのがＦｉｎ・ｋ・１である。彼女たちは、瞬く間に国民的人気ガールズグループとなった。大ヒットした「私の彼に」は軽快なポップ・ナンバーで、その実力は、S.E.S.に勝るとも劣らない。S.E.S.が日本で成功していたら、次に日本に進出するグループはＦｉｎ・ｋ・１のはずだった。Ｆｉｎ・ｋ・１はまた、Ｋ‐ＰＯＰの「歌姫」（ｄｉｖａ）李孝利（イ・ヒョリ）を輩出したグループとしても重要である。正式解散はしていな

いが、現在も活動休止中で、余程のことでもない限り再結成は期待できない。メンバーそれぞれが、歌手、女優、司会者などで成功しているからだ。

Ｋ-ＰＯＰシーンにおけるボーイズグループの先鞭をつけたのは、ソテジ・ワ・アイドゥルである。「ワ」は「と」、「アイドゥル」は「子どもたち」の意味で、「ソ・テジと仲間たち」といったくらいの意味合いになろう。１９９２年、リーダーのソ・テジ（本名・鄭鉉哲：チョン・ヒョンチョル）を中心として結成された３人グループで、デビューシングル「僕は知っている」は、17週連続韓国ヒットチャートの１位に君臨するという快挙を成し遂げた。加えて、デビューアルバム*Yo! Taiji*は、１５０万枚以上の販売を記録した。これはマーケットが小さい韓国では、驚異的数字である。このアルバムは、韓国音楽界において、初めてラップ音楽を商業ベースに乗せたという点で高く評価されている。またソ・テジは、金大中《キム・デジュン》をして「社会的な意味を持った音楽家」[3]と言わしめた程で、単に音楽のみならず１９９０年代以降の韓国社会に大きな影響を与えた人物である。

3rdアルバム*SEOTAIJI AND BOYS III*の中に挿入

された「渤海を夢見て」では、かつて新羅の北に位置した渤海国を現在の北朝鮮になぞらえ、南北統一問題を韓国の若者に喚起し、韓国社会の意識変革を試みようとした。そこでは、「一つの民族であり兄弟である我々がお互いを銃で狙っている。自分たちが作った大きな欲望で、まず自分たち自身が死んでいくのに」[4]と歌われている。このようなメッセージ性の強いアルバムが、予約だけで100万枚を越えたことは、デビューアルバム以上の衝撃であった。また、次のアルバム*Come Back Home*では、若者のストレートな怒りや反体制を歌うギャングスター・ラップを韓国で初めて紹介した。このアルバムに収録された「時代遺憾」が歌詞検閲制度により不適切と判断されると、アルバムから歌詞を削除し発売するという離れ業さえやってのけた。その後、出版物検閲制度が廃止されて、ミニアルバム『時代遺憾』でやっと歌詞が入ったものが世に出るに至った。

このように、ソテジ・ワ・アイドゥルというグループは、1960年代アメリカのカウンターカルチャーと20世紀末のストリート・カルチャーの双方を併せ持ったようなグループであった。しかし、1996年、人気の頂点で解散宣言している。たった4年間の活動であったが、ソテジ・ワ・アイドゥルがK‐POPシーンに与えた影響は計り知れない。加えて、特筆すべきは、ソ・テジがほとんどの楽曲で作詞・作曲・編曲を手がけたという「セルフ・プロデュース」方式である。その点でJ‐POPアーティストに一脈通ずる面を有し、日本デビューアルバム*Seo Taiji and Boy*でＪ－ＰＯＰシーンに殴り込みをかけたが、さざ波も起こらなかった。韓国では稀有な楽曲制作方式と日本での商業的成功との両立は、次世代のＢＩＧＢＡＮＧに引き継がれて行く。

S.E.S.からBoAへ

S.E.S.の日本売出しが思った程の成果を得られなかったことから、ＳＭエンターテインメントの李秀満《イ・スマン》は、日本で人気が出るには時間がかかること、そして、韓国芸能界に対する理解が日本においていまだ深まっていないことを感じ取っていた。日本人は、一般的に言って、１９９０年代に至ってもなお韓国はあらゆる分野で日本から遅れているという認識であったと思う。韓国の音楽については、そのどこか懐かしいメロディが日本人の郷愁を誘う一方で、まだまだ日本の方が先を行っているという優越感を満足させてくれていたことも事実であった。それが、S.E.S.の歌とダンス・パフォーマンスは、大部分の日本のアイドルグループより新しかったし、グローバライズ（国際化）されていた。彼女たちの新しさと国際性は、皮肉にも当時の日本人の優越感を殺いでしまった。S.E.S.は、時代の一歩先を走っていたのである。

そこで、李秀満は、日本の音楽市場に適合させるための訓練（日本語の訓練も含む）に時間をかけてもいいだけの若さを備えたシンガー・權寶兒（クォン・ボア）に目をつけた。そして、日本の音楽市場の動向をプロフェッショナルな視点から分析し、なおかつ日本人の国民感情も考慮して、韓国人であることを前面には出さず、最初はJ－POPシンガーＢｏＡとして売り出した。ＢｏＡのプロモーション・コンセプトは、時代の一歩先を走る実力を持ちつつも、半歩ほど呼び戻して時代と市場の特性に近づける思慮を持つことだったと言えよう。グローバライズの逆のローカライズ（現地化）と言い換えてもよい。

ＢｏＡは、２０００年に韓国でデビューし、翌２００１年には日本デビューを果たした。１枚目から3枚目のシングルでまずまずの成績をおさめ、4枚目のシングル〝LISTEN TO MY HEART〟がオリコン3位を記録しブレイクした。そしてその勢いで、『第53回ＮＨＫ紅白歌合戦』に出場（その後6年連続出場）し〝VALENTI〟を披露している。こうして、日本での人気が定着した後、徐々に自身のナショナリティを打ち出すようになって行った。この頃のインタビューにおいて、「平壌で公演してみたい」[5]と答え、民族問題への関心も示している。さらに、ソウルオリンピック・スタジアムで行われた〝2005 iConcert〟に出演した際、朝鮮半島の統一を願った「その日がきたら」を合唱したこともある。

K-POPを日本に定着させた東方神起

東方神起は、BoAで日本進出のロールモデルを確立したSMエンターテインメントが次に送りこんだ韓国アイドル界の至宝だ。東方神起は、そのグループ名からも計り知れるように、もともとは中国進出を画策し結成されたグループであった。ゆえに、メンバーには中国語をレッスンさせていた。しかし、2005年、SMエンターテインメントに資本参加したエイベックスから日本デビューすることを優先させた。理由は日本の音楽市場の大きさと質の高さであったことに疑いの余地はない。そして日本に長期滞在し、J-POPグループの一つとして販促・プロモーションを展開して行った。デビュー当時は、酒井ミキオ、ハラキヨコ、藤井雅之といったJ-POPの作家たちの曲が多かったのである。

ところが2008年、李秀満《イ・スマン》がプロデュースし、曲作りからミュージックビデオまですべて韓国チームによって制作された〝Purple Line〟でブレイクすると、一気にR&B及びHIP-HOP色を意識的に濃くして行き、K-POPとしてのアイデンティティを前面に打ち出すようになる。J-POPの共通項とも言えるサビ部の派手なデコレーションを抑えて、シンプルかつクールなK-POP的音作りに移行した。〝Purple Line〟は、韓国アイドルグループの日本市場におけるプロダクション手法において、ターニングポイントになった曲であり、それ以降、日本でもＫ‐ＰＯＰという言葉が市民権を持ち始めるようになる。その意味で、東方神起は、Ｋ‐ＰＯＰが「現地化」の必要性を払拭して、本来の姿のまま日本市場へ参入する「国際化」への扉を開いたグループだと言えよう。

２００８年暮れの「紅白歌合戦」に初出場を果たし、２００９年7月には、東京ドーム公演を成功させ、順風満帆に見えた東方神起であったが、その公演から1ヶ月も経たない7月31日、メンバーのうちジェジュン、ユチョン、ジュンスの３人が、所属事務所のＳＭエンターテインメントを相手取り、ソウル中央地方裁判所に専属契約効力停止の仮処分を申請したのであった。残りのユンホとチャンミンは静観の姿勢を取った。翌朝のテレビ報道番組では、日韓とも一斉に「東方神起解散か?」というキャプションが躍った。その後、仮処分申請をした３人の法定代理人を務める法務法人「世宗」から、申請に至った経緯が公式発表された。その内容を要約すると、以下のようになろう。

1. 所属会社の収益捻出のための道具としてしか扱われていない。
2. 専属契約期間13年（兵役の2年間を含めると実質15年）が長すぎる。
3. アルバムが50万枚売れたときにのみ、メンバー一人当たり１０００万ウォン（約70万円）が支払われる契約は理不尽である（50万枚を下回った場合は、報酬ゼロ）。

4．契約の訂正を数回要求したが、会社はメンバーたちの意見を無視した。
5．３人のメンバーは、決して東方神起の解散は望んでおらず、不当な契約の訂正を求めているだけである。

これに対して、ＳＭエンターテインメントは、以下のようなコメントを発表した。

（メンバーには）高級外車も渡している。グループはデビューから４年間赤字だった。収益配分には多様な分野があるのに、彼らはその一部だけを不正確に強調している。[6]

ここでの両者の言い分は、東方神起とＳＭエンターテインメントとの間にだけ見られるものではなく、韓国音楽界において普遍的に潜在する問題である。アイドル予備軍を多く抱える芸能プロダクションは、自社で衣食住を面倒見るのが一般的である。その先行投資分を考慮すると、デビューから数年は当然ながら赤字となる。ちなみに、東方神起の売出しには80億ウォンかかったと言われる。加えて、損益分岐点を越えないグループも多く抱える事務所としては、成功したグループからの利益を他のグループの赤字補填に回さざるを得ない。

一方、K-POPグループは、歌唱及びダンスに集中しているので、歌唱印税だけしか受け取れず、作詞作曲からの印税収入に多くを期待できない。所属事務所から受け取るギャラ以外の収入源がほぼないのが現状である。さらに、ウォンを円に換算すると14分の1の額面（アベノミクス以前）になってしまうわけで、日本での活動期間が長くなるほど、報酬が不当に低いと感じてしまう傾向が強い（東方神起と同じく日本滞在期間が長いKARAも脱退騒ぎを起している）。結局、東方神起とSMエンターテインメントの歩み寄りは見られず、東方神起は分裂を余儀なくされてしまった。

現在東方神起は、ユンホとチャンミンの2人で活動している。2011年1月、韓国でアルバム*Keep Your Head Down*を、また日本で同タイトル曲の日本語版シングル〝Why?(Keep Your Head Down)〟を発表し、新たな活動のスタートを切った。一時は訴訟組3人の側に付いていたエイベックスもSMとの関係を再構築し、2人となった東方神起の日本での活動を支援している。ニューシングル〝Catch Me If You Wanna〟も好調のようだ。

186センチと190センチという長身の二人が織りなすダイナミックなパフォーマンスは、新生東方神起のスペックの一つである。加えて、5人のときまで少し残していたJ-POPテイストを完全に払拭し、K-POPのグループとしての色を一層鮮明にした。

新生東方神起は、李明博《イ・ミョンバク》大統領の竹島上陸以後も、日本での活動の規模を著しく縮小しないで済んだ数少ないＫ-ＰＯＰグループの一つと言えよう。

チャンミンは、俳優としても映画『黄金を抱いて翔べ』（井筒和幸監督作品）に元北朝鮮工作員役で出演し、新境地を開拓した。ユンホの方も、２０１２年11月、大阪・新歌舞伎座で上演中のミュージカル『光化門恋歌』に出演したりして、活動域を広げつつある。ちなみに、『光化門恋歌』は、韓国ミュージカル界の最高峰の作品で、日本公開は今回で初めてであった。２０１３年明治座創業１４０周年記念元旦公演も、この『光化門恋歌』で幕を開けている。さらには、エイベックスからのニューアルバム*Time*も順調に売り上げを伸ばしているようだ。

3. 少女時代到来

日本での活動

Ｋ-ＰＯＰの日本での礎を築いたのは、ＢｏＡと東方神起である。それゆえ、少女時代はことあるごとに「私たちが日本進出できたのは、先輩たちが道を作ってくれたから」[7]

と発言している。確かに、ＢｏＡと東方神起の日本音楽市場における試行錯誤がなければ、少女時代がデビュー時からいきなり注目を集めることはなかったであろう。

２００７年に韓国でデビューし、すでにトップアイドルの地位を築いていた少女時代は、２０１０年８月１日、ユニヴァーサルミュージック・ジャパン傘下から〝GENIE〟で日本デビューを果たす。そして、間髪を入れず、８月25日には有明コロシアムでショーケースライブを開いている。当初は１回の予定だったが、予想以上の注目度だったため、最終的に３回のショーケースを行い、延べ２万人を動員した。さらに、10月20日には2nd シングル〝GEE〟をリリース。この曲は、１週間でおよそ７万枚を売り、日本人以外のアジア女性グループで初のオリコン・シングルウィークリーチャート２位を獲得した。加えて、少女時代は、この年の『第52回日本レコード大賞』で新人賞、『第25回日本ゴールドディスク大賞』で最優秀新人賞を受賞している。〝GENIE〟も〝GEE〟も Girls' Generation というグループ名に対して頭韻を踏んだかのように思えるキャッチーさも相俟って、彼女たちの美脚が日本中のメディアで踊った。

２０１１年４月には３枚目のシングル〝MR.TAXI/Run Devil Run〟を発売。次いで６月に発売された日本での 1st アルバム *GIRLS' GENERATION* は、初週約23万枚を売り上げ、日本で初めてオリコン・アルバムウィークリーチャートで１位を獲得した。このアルバムは、売り上げ１００万枚を越え、日本レコード協会からミリオン認定を受けている。そして、年末の『第62回紅白歌合戦』に初出場し、日本での人気を不動のものにした。

２０１２年６月、日本での４枚目のシングル〝PAPARAZZI〟を発売。この曲のミックスには、ビヨンセ、ケイティ・ペリー、ディペッシュ・モードなどを手がけたマイルス・ウォーカーが起用され、それまでの少女時代のシングルの中でも出色のできばえである。ジーン・ケリーの「雨に歌えば」を使用したミュージックビデオもとても洗練されたものになっている。さらに、９月26日発売の５枚目のシングル〝Oh!〟とＭＶ集*GIRLS' GENERATION COMPLETE VIDEO COLLECTION*は、それぞれオリコンのシングル・ＤＶＤ・ＢＤ部門で週間１位を記録し、海外アーティストとしては初の同時３冠を達成した。李明博大統領の竹島上陸の影響でまともなプロモーションがうてなかった状況下では、大健闘だと言える。そして、11月14日、日本での６枚目のシングル〝FLOWER POWER〟、次いで28日には日本での２枚目のアルバム*GIRLS' GENERATION II ~ Girls & Peace ~*を送り出した。そして、２０１３年２月から２度目の日本ツアーをスタートさせ、３月にはテレビ番組『情熱大陸』（ＴＢＳ）で、そのツアーの舞台裏を伝える特集が組まれた。美脚アガシたちの日本での本格的巻き返しが始まったのである。

そのグローバル戦略

少女時代と日本での人気を二分するガールズグループＫＡＲＡは、本国以外では日本での活動を最優先させている。なぜなら、ＫＡＲＡは、韓国のガールズグループの中では一番日本のアイドルたちと似通った性格を持ったグループだからだ。ＡＫＢ48と一脈通ずる「親しみやすさ」と「可愛さ」が売りのＫＡＲＡの方が、「完璧さ」と「綺麗さ」が売りの少女時代より、日本での人気はいく分高いようだ。逆に韓国では、少女時代の方がＫＡＲＡより圧倒的に人気もブランド力も高い。この二つのアイドルグループの比較論に有効な視点としては、朴倧玄（パク・チョンヒョン）法政大学教授の指摘が卓越していよう。

韓国人は「完璧な美」を求めますが、日本人はどちらかと言えば、完璧なものに対しては身を引くところがあるような気がします。自分とは住む世界が違うと感じてしまうのではないでしょうか。[8]

朴教授の指摘したとおり、少女時代の圧倒的なパフォーマンスには、腰が引けるファンが日本には多い。逆に、ＫＡＲＡのキャラクターは、日本のファン気質と相性がいいのだ。

自分の住んでいる近所にも一人や二人くらいはいそうな（実際にはいないのだが）親近感ゆえに、ＫＡＲＡは日本の草食系男子の女神だ。それゆえ、彼女たちにとって、海外進出イコール日本進出なのである。

一方、少女時代の海外戦略は、世界を視野に入れた文字通りグローバルなものである。少女時代の圧倒的な歌の上手さとシンクロナイズドスイミングばりの一糸乱れぬレッグダンスは、充分に世界で通用する可能性を有している。少女時代にとっての海外進出は、ビジネスとしては日本市場に軸足を置いてはいるが、今後の成長戦略としてアジア市場をも視野に入れ、アーティスト・クォリティとブランドイメージ向上のために欧米市場にも挑戦しているところだとでも言えようか。

少女時代は、２００８年、ＳＭエンターテインメント所属アーティストたちによるアジア・ツアー〝SMTOWN LIVE〟に参加したのを皮切りに、その年９月には上海、翌２００９年２月にはバンコクで公演を行なった。こうした地道な活動が功を奏してか、２０１０年に発売されたアルバム*Oh!*は、アジア各国でも発売され、台湾、フィリピン、タイの音楽チャートで１位を獲得した。さらに、２０１０年の単独1stツアーでは、上海と台北で公演を行ない、２０１１年５月から７月にかけて、日本初のアリーナツアー〝Japan First Tour: Girls' Generation〟を敢行した。大阪、さいたま、東京、広島、名古屋、福岡で計14回公演を行い、約14万人の観客を動員した。その後、台北、シンガポール、香港、バンコクとツアーしている。また、フィリピン、ベトナム、オーストラリア、マレーシアで行われたK-POPコンサートにも参加している。

筆者は、哈日族（ハーリーズー：日本文化に憧れを抱く台湾の若者たちの総称）で沸き返る台北の西門地区で少女時代関連グッズを散見したし、クワラルンプールの繁華街ブキットビンタンでは少女時代も出演するライブのポスターを見かけた。シンガポールのナイトマーケットのCDショップではアルバム *Oh!* を買いさえした。ホーチミン・シティのドンコイ通りに面したホテルの部屋では、テレビで彼女たちのライブ・パフォーマンスを観た。少女時代のアジア戦略は、アジアのどこの街角を歩いていても、たちどころにその広告や商品や歌とダンスに遭遇する広範さを持ち始めている。

少女時代の日本進出のフォア・ランナーがBoAと東方神起であったことは前述した。それではアメリカ進出におけるそれはと問われれば、ワンダーガールズと答える以外にないだろう。２００７年、デビューア

ルバム*The Wonder Years*の中の〝Two Of Hearts〟をサンプリングした軽快なメロディに、〝Tell me, Tell me, T-T-T-T-Tell me …〟[9]という中毒性のあるリフレーンが印象的に絡み、そのフレーズに合わせたダンスが一世を風靡し、発売以降爆発的な人気を博した。このようなブームは、韓国では「テル・ミー・シンドローム」と表現され、ワンダーガールズは「国民の妹」と呼ばれる人気グループとなった。現在のＫ・ＰＯＰガールズグループの「フック・ソング」と「ポイント・ダンス」のコンビネーションの始祖がワンダーガールズの〝Tell Me〟であったことは、韓国人なら誰でも認めるところだ。

翌２００８年2月には、アメリカ最大の芸能エージェンシーＣＡＡから、彼女たちのアメリカ進出の提案がなされ、所属事務所のＪＹＰエンターテインメントは、ワンダーガールズの海外戦略を中国進出からアメリカ進出へと修正し、ＣＡＡとマネジメント契約を結ぶ。そして、２００９年10月、満を持して〝Nobody〟の英語バージョンを発売すると、１９６０年代風のファッションとサウンドがアメリカ人たちの心に訴えたこともあり、ビルボードで76位を記録するスマッシュヒットとなった。ビルボード・メインチャートのホット１００へのランクインは、韓国のアーティストとしては史上初の快挙となった。こうした実績と実力ゆえに、ワンダーガールズは、アメリカで「アジアのスパイス・ガールズ」

と称されることもあった。このワンダーガールズがアメリカの大地に刻んだ轍の上を、少女時代は歩んでいる。

少女時代の欧米戦略は、2011年10月発売のアルバム*The Boys*から本格的なスタートを切った。アルバムのタイトル曲〝The Boys〟のプロデュースには、世界3大プロデューサーの1人と言われるテディ・ライリーを起用している。そしてその英語版がiTunesを通して全世界に同時発売され、アメリカiTunesの総合シングルチャートで82位を記録。韓国のアーティストとしては初めてのトップ100入りを果たした。2012年1月には、ユニバーサルミュージックグループのインタースコープ・レコードを通じて*The Boys*がアメリカで発売され、ビルボードチャート・ワールドアルバムチャートで2位となる快挙を成し遂げた。

その傍らで、少女時代は、メディアへの露出にも積極的に取り組んだ。CBSのトーク番組『レイト・ショー・ウィズ・デイヴィッド・レターマン』に出演し、その翌日にはABCのトーク番組『ライヴ・ウィズ・ケリー』にも出演した。こうしたトーク番組では、彼女たちの語学力（テヨン、ヒョヨン、ユリ、ソヒョンが中国語、スヨンが日本語、ティファニーとジェシカが英語を話せる）が大きな力を発揮する。

少女時代の音楽性

Ｋ‐ＰＯＰは、これまで述べてきたように、アメリカ生まれのＲ＆ＢとＨＩＰ‐ＨＯＰを下敷きにしている。Ｒ＆Ｂは、ブルース、ゴスペル、ジャズなどの黒人音楽が融合したハイブリッドな音楽ジャンルで、白人がＲ＆Ｂを演奏し始め、それをロックンロールと名づけると、黒人としてのアイデンティティ復興の意味を込めてソウル・ミュージックへと名義変更している。現在は、狭義のソウル・ミュージックを包括するかたちで広義のＲ＆Ｂとして認知されているようだ。かたやＨＩＰ‐ＨＯＰは、ニューヨークのブロンクス界隈のストリートで生まれた音楽で、ターンテーブルでレコード回し、指でスクラッチノイズを発生させ、そこにラップを乗せたものである。

この二つの音楽に共通するのは、黒人特有のリズムのうねりである。これを具体的に説明してみよう。二つの音楽とも４分の４拍子の２拍目と４拍目を強調したアフタービートが基本だが、2拍目と4拍目の強調部を微妙なタイミングでずらしてタメを作る。すると、独特のうねりが歌に生まれるのである。このうねりをグルーヴとも呼ぶ。関西大学三浦文夫教授は、このグルーヴを生む能力を「後ノリ的感覚」[10]と称している。

Ｋ‐ＰＯＰのライヴショウは、「打ち込み」と呼ばれるシーケンサーによる自動演奏のため、機械的にジャストのタイミングで打たれるアフタービートを身体で感じながら、「後ノリ的感覚」でヴォーカル、ラップ、ダンスを入れて行くと、黒人的なグルーヴが生まれる。少女時代は、歌でもダンスでもこのグルーヴを出せる数少ないガールズグループである。J‐POPでは、宇多田ヒカル、安室奈美恵、それに、だいぶ古くなるが平山三紀あたりがここで言う「後ノリ的感覚」を備えていよう。

少女時代のメイン・ヴォーカリストはテヨンである。彼女は、その実力ゆえ、K‐POPの最大の特徴であるキャッチーな「フック・ソング」を歌い続けることに不満を漏らしたことがあるらしい。少女時代の代表曲〝GEE〟を歌うのが本意ではなく、泣いてこの曲を歌うことを拒否したという。「カワイイ」というコンセプトが日本市場の需要であり、そこに完璧なまでにアジャストしたE-TRIBEの曲作りには何の問題もない。E-TRIBEのトラック・メイキングゆえにこの歌が大ヒットしたことは間違いないのである。それでも、テヨンはもっと自分の実力を発揮できる大人のR&Bを歌いたかったのであろう。

韓国では、アイドルグループのヴォーカルの上手さを評価するランキングがよくなされる。歌は上手い下手を越えた「味」という要素もあるので、一概にそのランキングが実力を表しているとは思えないが、どうやらその主張は日本人にしか理解して貰えないみたいだ。韓国人は、まるでスポーツ選手が残す記録で実力を評価するかの如く、アイドルに対してさえも歌の上手さを評価したがる。声量、音域などを定量化したがるのだ。これは両国民の気質の問題であるから、どちらがどうと言うことではない。

ここでは、少女時代に関するものだけを記してみよう。指折りのヴォーカルトレーナー10人を対象にアンケートをとったもので、回答者がそれぞれ1、2、3位を選び、それぞれに3、2、1点が加算されて決定したランキングを紹介してみる。「歌が上手いアイドルグループのメンバー」は、東方神起から脱退した3人で結成されたJYJのジュンスが圧倒的な評価を受けて1位。そして、2位に少女時代のテヨンと「韓国のビヨンセ」と呼ばれるSISTARのヒョリンがガールズグループからランクインしている。テヨンには、「本人の感性をうまく生かし基本にも忠実、歌手らしい歌手」というコメントが加えられている。テヨンの実力は、プロの目から見ても相当なレベルなのである。

こうしたテヨン本人の本格派指向と専門家の客観的評価を考慮してか、SMエンターテインメントでは、2012年5月2日にテヨン、ティファニー、ソヒョンの3人からなる「少女時代-テティソ」なる別ユニットを立ち上げ、テヨンの実力をできるだけ発揮できる活動をスタートさせた。そのデビューミニアルバム*Twinkle*は、韓国語のアルバムであるにもかかわらず、アメリカビルボードのメインアルバムチャートで126位に入った。これは本家の少女時代もいまだ達成していない記録である。タイトル曲の〝Twinkle〟は、本格的Ｒ＆Ｂナンバーになっていて、個人的には、ミュージックビデオのラスト部分におけるモータウンサウンドへのオマージュが嬉しい。少女時代のスタッフが、決して彼女たちをアイドルグループというカテゴリーにだけ閉じ込めようとしているのではなく、彼女たちの音楽性のルーツであるＲ＆Ｂテイストを尊重していることの伝わってくる、とても心温まるワンカットである。加えて、２０１３年１月にリリースされた韓国版 4th アルバム *I Got A Boy* は、少女時代がアイドルからアーティストへ足を踏み出したアルバムだ。そこには、ＨＩＰ-ＨＯＰテイストな少女たちがいる。

4. 大統領竹島上陸の一番の被害者はAFTERSCHOOL

第１章で、オリンピックのソウル開催が決定したとき、一番青ざめたのは北朝鮮だと書いた。では、李明博《イ・ミョンバク》大統領の竹島上陸で一番青ざめたのは誰だったろうか？　私見だと断ってからあえて言わせて貰うと、ＡＦＴＥＲＳＣＨＯＯＬのメンバーとそのスタッフであったかも知れない。彼女らは、ＫＡＲＡと少女時代が日本でブレイクして、この次は自分たちの番だと日本でのプロモーションを強力に押し進めていた。大統領の竹島上陸の少し前の２０１２年６月だけでも、ＡＦＴＥＲＳＣＨＯＯＬの日本でのテレビ出演は、ＮＨＫ、日本テレビ、フジテレビ、朝日放送、ＴＢＳ、テレビ東京、毎日放送、関西テレビなど計16回、ラジオ出演は全国各地のＦＭ局を中心に11回を数えている。ＡＦＴＥＲＳＣＨＯＯＬがあるバラエティー番組に登場したときなど、出演者一同からそのセクシーさにため息が漏れた程だ。その番組を見ていた人たちの多くは、次はＡＦＴＥＲＳＣＨＯＯＬがくるなと思ったはずだ。

筆者は、山口県内と北九州及び松山地域に届くラジオ番組のパーソナリティをさせて貰っているが、その番組内でも「ＫＡＲＡ、少女時代の次はＡＦＴＥＲＳＣＨＯＯＬ」と断言した。それ程までにＡＦＴＥＲＳＣＨＯＯＬの日本でのプロモーションは、首尾よく立ち上がっていたかに見えた。李明博大統領竹島上陸のニュースが日本中に駆け巡ったのは、まさにＡＦＴＥＲＳＣＨＯＯＬがいろいろなメディアに露出し始めたそのときであった。ＡＦＴＥＲＳＣＨＯＯＬとスタッフが受けたダメージの大きさは、想像に難くない。

最後の発射がアクシデントによって不発に終わったが、ＫＡＲＡ、少女時代、ＡＦＴＥＲＳＣＨＯＯＬの３段ロケット方式でセクシー度を増していく戦略自体に間違いはなかった。フリーライターの西森路代は、その著書『Ｋ‐ＰＯＰがアジアを制覇する』の中で以下のように述べている。少し長くなるが、引用してみる。

攻めのセクシーさには慣れていない日本の男性たちにとって、ＫＡＲＡのキュートなセクシーさは、一番心地よいものなのではないだろうか。（中略）お尻ふりふりヒップダンスは、異国からきたアイドルが見せるセクシーさとしては絶妙の「ちょうどよさ」があると思う。あれ以上のセクシーさでは日本で普遍的人気を得るにはちょっと過剰だし、それ以下だと、せっかく異国からきたアイドルなのに、期待感に見合わない。（中略）
少女時代もＫＡＲＡのような甘さを持ちつつ、日本でも話題の美脚による健康的なセクシーさや、そんな中にもときおりドキッとするような大人の魅力も備えていて、（中略）９人がＶの字に並んで美脚を誇っている姿は、女性であっても何かありがたく、神々しさすら感じられた。（中略）
（韓国のアイドルには）可愛らしくキュートなイメージのアイドルでも、ダンスのキレがよく、分り易いセクシーさがある。韓国と日本のアイドルで最も違うのは、挑発的な部分があるかないかではなかろうか。[11]

ここでのＫＡＲＡ、少女時代が段階的に増幅してきたコリアン・セクシーネスは、徐々に日本人男性の攻めのセクシーさに対する耐久性を高めて行き、３段目のロケット弾であるＡＦＴＥＲＳＣＨＯＯＬの成熟したセクシーさへの遭遇を画策したはずだ。メンバー全員が168センチ以上で、そのスケールの大きいダンスは迫力満点。リーダーだったカヒは、自ら「最年長アイドル」を名乗りつつも大人の女性の魅力たっぷりで、ＢｏＡのバックダンサーも務めたそのダンスは、女性ナンバー・ワン・ダンサーとの評価を得ている。特にタップ・ダンスは、世界的タップ・ダンサーのジョセフ・ウィガンからもお墨付きの言葉を貰っている。彼女のソロミニアルバム*KAHI*は、ＣＤとしても写真集としても一級品である。李明博大統領の竹島上陸さえなければ、今頃日本中がＡＦＴＥＲＳＣＨＯＯＬの容赦ないセクシーさに「ヤラレテ」いただろう。

5.「小生意気」を脱して「生意気」に進化したBROWN EYED GIRLS

ＢＲＯＷＮ ＥＹＥＤ ＧＩＲＬＳは、2006年、アルバム*Your Story*でデビューし、翌年には2ndアルバム『行きなさいミス・キム』を発表している。この頃のＢＲＯＷＮ ＥＹＥＤ ＧＩＲＬＳのサウンドは、Ｒ&ＢにＨＩＰ-ＨＯＰがプラスされた独特のものので「ハイブリッド・ソウル」と呼ばれた。どちらかと言うと、ソウル・バラード曲が多く、ヴォーカル中心のグループであった。しかし、２００８年に発売したミニアルバム *With L.O.V.E Brown Eyed Girls* のタイトル曲〝L.O.V.E〟は、エレクトリカルなダンス曲になっていた。そのダンス・チューンは、折からのダンス・ブームに乗り大ヒットし、ＢＲＯＷＮ ＥＹＥＤ ＧＩＲＬＳは一気にブレイクした。

そして２００９年、3rd アルバム *Sound-G* がリリースされ、その中に挿入されていた〝Abracadabra〟の刺激的かつ挑発的なダンスは、「小生意気ダンス」と称され、

日本でも話題を呼んだ。あの金妍兒（キム・ヨナ）さえ自身のスケーティングの振り付けにこのポイント・ダンスを取り入れたくらいだ。とは言え、当時のＢＲＯＷＮ ＥＹＥＤ ＧＩＲＬＳは、数あるＫ－ＰＯＰガールズグループの一つであり、差別化は際立ってはいなかった。

目から鱗だったのは、２０１１年の 4th アルバム *Sixth Sense* だ。前述のヴォーカルトレーナーたちによる「歌が上手いグループ」のランキングにおいて、１位２ＡＭ、２位ＢＩＧＢＡＮＧに次いで３位（ガールズグループとしては１位）にランクされた実力

が遺憾なく発揮されたそのアルバムでは、本場アメリカでも充分通用しそうな本格的ソウルグループに進化し、一人ひとりも着実に実力をアップさせたBROWN EYED GIRLSの姿を見出せる。

パワフルな歌唱力を誇るジェア、澄んだ声のトーンが神秘的なナルシャ、実力に折り紙つきの女性ラッパーのミリョ、ハスキーヴォイスが魅力的なガインの４人は、もともと、それぞれのプロフェッショナルなスペックをきちんと持っていた。反面、その実力ゆえに、「フック・ソング」と「ポイント・ダンス」が売りのK‐POPアイドルグループに徹することと自分たちの音楽性を追及することとの狭間で悩んでいたようだ。その悩みを和らげていたのが各人のソロ活動であったかも知れない。

それが、この4thアルバムでは、初期の「ハイブリッド・ソウル」が神々しいまでの完成度の高い「コリアンアガシ・ソウル」（筆者の造語）にまで昇華されており、そこからは、吹っ切れた彼女たちの清々しさが窺える。タイトル曲〝Sixth Sense〟は、ナルシャとガインの個性を生かしたヴォーカルの絡みが絶妙なバランスを保ちつつ、圧倒的な歌唱力で歌い上げるジェアのパートに繋がって行く。そして、ミリョのラップが曲を一度引き締め、いかにも韓国のガールズグループらしい高音の伸びを強調して一気に昇天し、クライマックスに達している。なんと立体感のある曲の構成であろうか。

BROWN EYED GIRLSは、ガールズグループの中で、2NE1とともに別の次元に達してしまったグループと言えよう。彼女たちは、「小生意気な」ガールズグループから、いい意味での「生意気さ」まで身につけたソウル・シスターズに成長を遂げた。

6. K-POPアイドルの常識を覆したBIGBANG

BIGBANGは、アイドルグループの常識をあらゆる点で覆したグループである。第一に、リーダー格のG-DRAGONが多くの曲で作詞・作曲・編曲を担当する「セルフ・プロデュース」型のグループである。第二に、結成時、ルックスよりも実力を最優先させた厳しいオーディションを勝ち抜いてきたメンバーで構成されている。第三に、5人のメンバーそれぞれが全く違うスペックを有し、その絶妙なバランスの上にパフォーマンスが成立しているのである。

歯切れの良いラップとダンス能力を誇るG-DRAGONは、BIGBANGの躍動感の源だ。対照的にT・O・Pは低い声でラップを刻み、グループに安定感をもたらしている。SOLのヴォーカルは、甘いソウル・バラードでは他の追随を許さない魅力がある。D-LITEは、ハスキーな声でロック系の曲で真価を発揮する。彼は、ソロではトロット歌手としても活躍しており、このあたりに、本章の冒頭で書いたＫ‐ＰＯＰが韓国演歌を切り離していない具現を垣間見ることができる。最後に加入が認められたＶ・Ｉは、歌もダンスも飛び抜けたタレント性を持っているわけではないが、ＭＣやトークでの能力は並大抵ではなく、バラエティー感覚に最もすぐれたメンバーである。ストイックなＧ‐ＤＲＡＧＯＮとＴ・Ｏ・Ｐが生み出す緊張感をＶ・Ｉが程よく和らげている。ちなみにＳＯＬは、メンバーについて、あるインタビューで以下のように答えている。

「いまは（メンバーの個性が）違うからこそ、お互いに理解を深めることができている。やりたいことも、目標もバラバラ。だけど全員が好きなもの、それが音楽なんです」。[12]

彼らの所属するＹＧエンターテインメントは、元ソテジ・ワ・アイドゥルのメンバーだった楊玄石《ヤン・ヒョンソク》が設立した音楽事務所で、他の事務所と一線を画するのは、Ｒ＆ＢやＨＩＰ‐ＨＯＰを専門とすることだ。そのＹＧエンターテインメントが本格派アイドルとして売り出したのがＢＩＧＢＡＮＧであった（その女性版が２ＮＥ１）。彼らが他のアイドルグループと共通点があるとすれば、徹底した「孵化システム」で訓練を受けてきた一点にあろう。

彼らの訓練の様子は、ドキュメンタリー番組で一部始終が放送され、アイドルの孵化がどれだけ過酷なものかを韓国中に知らしめた。韓国の友人が録画していたものを見せてもらったが、そこには、自分の得意とする分野で「ナンバー・ワン」にならなければ生き残れないという切羽詰った状況でのみ培われる精神力が、いたいけな若者たちに生まれて行く過程が克明に描かれていて、胸が詰まった。現在の日本の若者たちが受けてきた「ゆとり教育」では、こんな競争は非人間的とされる。そこでは、「ナンバー・ワン」より「オンリー・ワン」になればいいという逃げ道が即座に用意され、そしてそれが「個性」と勘違いされ一人歩きしてしまう。競争を潜り抜けたことのない生半可な「エセ個性」では、「萌え」感覚は生み出せても「感動」は生み出せないことを、日本人は、アイドルの養成に限らず、もう一度しっかりと考え直すべきである。

ＢＩＧＢＡＮＧは、２００６年に結成され、２００７年のミニアルバム*Always*で大ブレイクした。その中のＧ‐ＤＲＡＧＯＮが作詞作曲した〝Lies〟が韓国の各種音源チャートで1位を獲得し、一気にＫ‐ＰＯＰ男性グループを代表する存在にのし上がったのであった。以来ＢＩＧＢＡＮＧは、韓国では安定した人気と高いアーティスト・クウォリティを誇っている。圧巻だったのは、２０１２年発表した5thミニアルバム*ALIVE*の収録曲が、イントロも含め、韓国チャートで1位から7位を独占したときであった。

ＹＧエンターテインメントは、ＢＩＧＢＡＮＧの日本デビューに際して、まずインディーズ・レーベルを立ち上げ、２００８年1月、ミニアルバム*For the World*でデビューさせている。その後、エイベックスと共同でオリジナル・レーベルＹＧＥＸを開設し、音楽活動の基点をしっかり構築してから本格的メジャー・デビューを図った。このあたりの戦略がいかにもＹＧらしい。２００８年10月、*Number 1*でアルバム・デビューし、２００９年6月にリリースしたシングル〝My Heaven〟はオリコン3位、翌7月の「ガラガラＧｏ‼」は5位、11月の「声をきかせて」は4位と、人気を定着させて行った。また、２０１０年に敢行した日本ツアー（横浜、神戸、東京）〝ELECTRIC LOVE TOUR 2010〟は、彼らの実力を日本のファンにまざまざと見せつけた。そして、２０１１年、ついにアルバム*BIGBANG 2*でオリコン1位を獲得したのである。２０１２年にリリースしたアルバム*ALIVE*とその*MONSTER EDITION*も、ともに3位と健闘した。

このＢＩＧＢＡＮＧの日本での成功は、日本の音楽関係者を少なからず驚かせた。本格派のアイドルグループであるＢＩＧＢＡＮＧが売れるということは、極論すれば、日本のアイドルシーンでは「あってはならないこと」[13]だったのである。歌が上手すぎたり、ダンスが上手すぎたりするグループは売れないという日本の方程式がＢＩＧＢＡＮＧの登場で脅かされた。しかし、ＢＩＧＢＡＮＧの成功は、いまのところ、Ｋ‐ＰＯＰだから本格的ＨＩＰ‐ＨＯＰでも売れるのだとして、その手法をＪ‐ＰＯＰに取り入れようという動きは見られない。ちょうど、ＫＡＲＡや少女時代のセクシーさをＪ‐ＰＯＰが取り入れようとはしていないのと同じことがＢＩＧＢＡＮＧとＪ‐ＰＯＰの関係にも言えるだろう。

7. アメリカ文学を取り込んだ2AM

今でこそ「音楽社会学」を専門にしているが、実は筆者は、博士号はアメリカ文学で取得した。かつて安聖基《アン・ソンギ》が自由を希求する１９８０年代韓国の時代性に同化しようとしたのと同様に、既存の保守的価値観(アメリカン・ヴィクトリアニズム)を否定し自分たちの若々しい価値観を標榜した１９２０年代アメリカの時代精神に同化しようとした小説家Ｆ・スコット・フィッツジェラルドの作家論を扱った。そんな個人史を有するゆえに、２ＡＭの *F. Scott Fitzgerald's Way of Love* と題されたミニアルバムに新大久保で遭遇したときは、正直因縁めいたものすら感じてしまった。

１９２０年代アメリカの自由な雰囲気を当時の新しい音楽であったジャズ(「自由」、「若さ」などの意味を併せ持つ)にオーバーラップさせて、その10年間を「ジャズ・エイジ」(the Jazz Age)と名づけたのは、他ならぬフィッツジェラルドであった。そして彼は、古い道徳規範が支配するアメリカのアッパー・ミドルの家庭を飛び出し、男性と同じように酒やタバコを嗜みショート・スカートを穿き自己の欲求を表現するようになった当時の若い女性たち（flappers）の生態を描き、そのフラッパー・ガールズと野心溢れる都会派男性たちが織りなす恋愛の数々を自身の作品群にちりばめた。

２ＡＭの*F. Scott Fitzgerald's Way of Love*は、タイトル通り、フィッツジェラルドの恋愛観をコンセプトにしたアルバムである。「アメリカン・ドリーム」を掴もうとする場が、フロンティアという大地（国勢調査では１８９０年にフロンティアラインは東海岸から西海岸に行き着いたとされた）から大都会（同じく国勢調査で１９２０年に農村部の人口を都市部のそれがアメリカ史上初めて上回ったとされた）に移動した後、そこで贅沢な消費生活を謳歌する美しい女性たちを手に入れることが、フィッツジェラルドにとって「アメリカン・ドリーム」の象徴であった。２ＡＭは、その夢の轍をミニアルバム内の全6曲に投影し、躍進韓国の高度消費生活を体現する江南アガシたちを獲得する「コリアン・ドリーム」に繋げた。アイドルグループでありながら、アメリカ文学の古典群に登場する男たちと共通する不遜な夢を紡いで見せた２ＡＭに、素直に拍手を贈ろう。

8. 日韓のディーヴァ対決：安室奈美恵 vs. 李孝利

K‐POPのロールモデルとしての安室奈美恵

ある韓国人芸能記者は、以下のように安室奈美恵について語っている。

6年前（2004年）、日本の安室奈美恵が来韓したときコンサートを見に行ったが、そのときは度肝を抜かれた。歌・踊りの実力は言うまでもなく、カリスマ性があり、まさに、スターだった。当時、韓国には彼女に匹敵するような歌手は見当たらなくて、大衆音楽でもまだまだ日本に追いつけないのかと深いため息をついたものだったけれど、今は事情が違う。少女時代とAKB48を比べれば、悪いが、比較にならないほど実力は少女時代のほうが上だと思う。[14]

R&Bをベースにしたポップな音作りという意味では、K‐POPガールズアイドルグループのプロトタイプはアメリカのT・L・Cあたりだろう。しかし、黒人音楽をアジアに持ち込み、それを自身の音楽市場のテイストに絶妙なバランス感覚を持って同化させ、アジアン・ディーヴァの地位に到達したという意味では、安室奈美恵がＫ‐ＰＯＰガールズグループのロールモデルなのである。

また、アイドルグループのスーパー・モンキーズからキャリアをスタートさせ、ソロアーティストへの階段を自然体で一歩一歩昇って行った彼女の自己変革は、Ｆｉｎ・ｋ・ｌからソロアーティストへと巣立ちコリアン・ディーヴァに上り詰めた李孝利にとって、指標となるフォア・ランナーといった存在であろう。つまり、Ｋ‐ＰＯＰシーンの黒人音楽受容は、第1章で少し触れた在米韓国人アーティスト群（ソリッド、ＡＳ ＯＮＥ、アップタウン、Ｊ、ジヌションなど）の影響も無視できないが、安室奈美恵というＪ‐ＰＯＰアーティストを抜きには語れないのだ。大半のＫ‐ＰＯＰアイドルが目指したディーヴァは、ビヨンセではなく、安室奈美恵であった。

「アムラー」と呼ばれるフォロワーたちまで生み出した「アムロちゃん」は、日本の女の子だけでなく、アジアの女の子の憧れの対象となり、いまでは、結婚、出産、離婚を経て、「社会進出する女性」のアイコンとなっている。その安室奈美恵は、Ｋ‐ＰＯＰアーティストとも積極的に交流している。例えば、アルバム *Checkmate!* に挿入されたダンス・チューン〝Make It Happen〟でのＡＦＴＥＲＳＣＨＯＯＬと見事なコラボが挙げられる。また、安室奈美恵とともにＪ‐Ｒ＆Ｂ界を牽引するＤＯＵＢＬＥにリスペクトを示すＫ‐

R&Bアーティストも多い。DOUBLEのアルバム*Woman*の中には、2PMのジュンス(現Jun.K)とのデュエット曲〝Count 3〟が挿入されている。加えて、韓国のナンバー・ワン女性R&Bシンガー、ユン・ミレともコラボし、ミレのアルバム*Gemini*の中の〝Double Trouble〟では、絶妙の掛け合いを披露している。ミレはまた、SAKURAとともに〝Memories〟でヒップホップしていたりする。日韓のR&B界では、自然体での交流が盛んになされているのだ。

安室奈美恵は、J-POPとしては珍しい歌手に徹するアーティストである。彼女自身は、作詞作曲をするわけでも、制作のイニシアチブを取るわけでもなく、他者が作った歌を自身の表現力を総動員して「こなす」ことで独特の個性を放っている。誰から楽曲を提供されようと、いったん安室奈美恵というシンガーの声帯を通ると、安室奈美恵の歌になる。与えられた枠組みの中でプロの力量を見せる生涯一歌手というポジション取りは、安室奈美恵とK-POPアーティストとの共通項と言える。それゆえに、K-POPアーティストたちの指標にも目標にもなっているのであろう。

そこで、そんな安室奈美恵のグローバル戦略を概説しておこう。2004年にソウルで開催したコンサートが大変な人気を呼び、以降リリースするCDは、日韓同時発売のかたちを取っている。2009年にリリースしたアルバム*PAST < FUTURE*は、日本、台湾、

香港、韓国、シンガポールで売り上げ1位を獲得した。さらに、２０１０年には、アジアの女性アーティストとしては初となる〝World Music Awards〟への出演という快挙も成し遂げた。加えて、２０１２年のアルバム *Uncontrolled* が、再び日本、台湾、香港、韓国、シンガポールで第1位となったことは記憶に新しい。安室奈美恵のグローバル戦略は、少女時代をはじめとするＫ‐ＰＯＰガールズグループのアジア戦略の一つのサンプルであるはずだ。また、安室奈美恵というシンガーは、彼女自身のとてつもない重い過去も含めて、Ｋ‐ＰＯＰアーティストたちが越えられないＪ‐ＰＯＰ最後の壁でもあろう。ＢＩＧＢＡＮＧのＶ・Ｉは安室奈美恵の大ファンだと言う。

韓国女性のオピニオン・リーダーとしての李孝利《イ・ヒョリ》

男性より女性に人気があるという点で、安室奈美恵と李孝利は似ている。この一致は、両者のストイックで強い内面に源泉を有するだろう。しかし、それでいて両者とも女性的魅力も半端じゃない。三十路を越えてなお10代の女の子からも支持される可愛さで安室奈美恵に、同世代の女性からも憧れの対象であるセクシーさで李孝利に、一日の長があるとでも言えようか。クリエイティヴ・ディレクターの湯山玲子は、「ニッポン女性の心中には、

安室奈美恵という小部屋が必ず存在する」[15]と言ったが、「韓国の女性の心中には、李孝利のように自由奔放に生きたいという願望が存在する」と筆者は思う。

安室奈美恵は、ファンから非難を浴びるような言動はほとんどないと言ってよいが、李孝利は、常に賛否両論を巻き起こす挑発的な言動が多い。テレビ番組で付き合った男性の数を堂々と公表してみせたり、度を越えているとも思えるセクシーな衣装で踊るCMが物議を醸したこともあった。しかし、それらが何とも彼女らしかったので、セックスシンボルとして、あるいはファッションリーダーとして、「イ・ヒョリ・シンドローム」と呼ばれた社会現象まで起したのであった。

儒教的観念が色濃く残る韓国社会での李孝利の言葉やパフォーマンスは、「主張する女性」の象徴として、K-POP界では特異な存在である。そんな彼女が『イ・ヒョリの近く（ヒョリとスンシムイが始める話）』という本を出した。その中では、これまでの言動の真意や動物と一緒に暮らしてみて変化したプライベートが語られている。従来の尖ったイメージの李孝利ではなく、くつろいだ感じの李孝利がそこにいる。

　最近の李孝利は、ボランティア活動にも精力的なようだ。国際救護開発機構ワールドビジョンとともにインドで慈善活動を展開したり、「イ・ヒョリ基金」を設立してソウルのお年寄りの越冬に力を注いだりしてもいる。そんな活動もあってか、２０１０年9月、韓国のマーケティング専門企業ＮＥＯＢＯＢが企業マーケティング担当者計７５１人を対象に実施した「大衆に広告影響力を及ぼす好感度の高い女性タレントは誰？」と題したアンケートで、李孝利は少女時代に次いで2位となっている。

　筆者が李孝利の音楽に遭遇したのは、意外に最近で、２００８年の3rdアルバム *It's Hyorish* を発売2年後に新大久保のＣＤ屋で見つけたときだ。その中の金健模《キム・ゴンモ》とのデュエット曲〝赤い自動車〟のカッコ良さにまずはぶっ飛んだ。大ヒットしたＥ－ＴＲＩＢＥ作曲のリーダー曲〝U-Go-Girl〟は、新しい生き方を模索しつつ社会進出する女性への応援歌だろう。その後、4thアルバム *H.Logic* は発売と同時に買い求め、ソリッドな李孝利の世界を楽しんだ。さらに、ドラマのサウンドトラック〝If in Love Like Them〟を聴き、2ndアルバム *Dark Angel*、1stアルバム *STYLISH...EhyOlee* と時系列など目茶苦茶に制覇していった。「10分もあったらあなたをモノにできる」[16]と歌われた〝10 Minutes〟の挑発的な歌詞に、年甲斐もなくのけぞってしまったのを憶えている。いまでは一端の李孝利ファンである。ＢＩＧＢＡＮＧのＴ・Ｏ・Ｐも彼女の大ファンだと言う。

9. 弘大のライヴシーン

弘大（ホンデ）とは、芸術・美術系の大学である弘益大学校（ホンイクテーハッキョ）の略称だが、ソウルの人々が「ホンデ」と言うときは、大学周辺のエリアとそこが発信する文化全体を意味する。１９９４年、韓国初のライヴハウスである〝Drug〟（ノーブレイン、デリ・スパイス、クライング・ナットなどホンデ第一世代はここから活動を開始している）が開店し、その後、同じようなライヴハウスがいくつもでき、パンク系及びブリッドポップ系のバンドを中心に「ホンデ」にロッカーたち集まるようになった。このブームの追い風となったのが、１９９６年のレコード検閲制度の廃止であったろう。ロックは、歌詞の攻撃性が持ち味ゆえに、この言語規制緩和は、ロッカーたちの表現の自由を拡大した。さらに、１９９９年にライヴハウスの営業が合法化されると、「韓国の左派イデオロギーに後押しされるかたちで」[17]、「ホンデ」ではインディーズ文化が花開いた。

しかしその後「ホンデ」の主流は、小規模でバンド演奏を純粋に楽しむライヴハウスから、酒を飲み踊る商業的な大規模クラブに移行して行った。「創造的都市」の理念から再開発が進められ、結果的に、屋台やバラックのような店舗が取り壊され新しいカフェやクラブが増えた。そして、整備された綺麗な道路やステージのある広場（マダン）が幅を利かせるようになった。２００１年にオープンした〝Graffiti〟は、その商業化の象徴であったろう。このようにして、「ホンデ」は商業的集客力を高めたが、資本主義の必然として地価が高騰し、若者たちの経営する小規模店舗は撤退を余儀なくされて行ったのだ。「ホンデ」は、文化的な必然性を見失いかけていた。

それでも現在は、少しずつではあるが、「ホンデ」に最初の頃の反体制的雰囲気が帰ってきつつあると言う。例えば、若者の失業対策を進める団体が、若者の起業支援やフリーマーケット開催を「ホンデ」で実施し始めた。こうした自分たちと地続きの世代や階層と連帯して行こうとする原点回帰指向は、ライヴシーンにも反映されつつあるようだ。自然発生的であったライヴハウスの反商業主義と聴く者の魂を揺さぶるだけの力を有する硬質な音楽が再び「ホンデ」に復活しかけているのだ。筆者がソウルを訪れた際の必修科目としての「ホンデ・フィールドワーク」を欠かさなくなったのは、こうした時期と重なっていたであろう。韓国大衆文化ジャーナリストの古家正亨は、以下のように「ホンデ」の存在意義を分析している。

弘大が弘大であり続けるためには、一体何が必要なのだろうか。小奇麗なカフェでもなく、オシャレなレストランでもなく、必要なのは、不器用だが力のある〝音楽〟の存在ではないだろうか。[18]

「ホンデ」のライヴハウスの中には、夜8時頃から9時頃まではアマチュアにステージを解放し、ミュージシャン・シップ向上の場を提供しているところもある。アマチュアがプロと同じステージに立ち技術を磨けることも、「ホンデ」が「力のある音楽」を輩出できる下支えとなっていよう。そんな「ホンデ」の体験記を少しレビューしてみる。

英米圏への進出と安定したワールドツアーのために、予定を操り上げて兵役の義務に就くことを決めたＴｈｅ Ｋｏｘｘは、ついこの間までは「ホンデ」で最も勢いのあるバンドの一つだった。彼らは、エレクトロニック・ガレージ（ＵＫロックとエレクトロな要素との融合）と自称する演奏スタイルで、２０１１年インディーズシーンに彗星の如く登場してきた。数多くのライヴハウスでの出演を経た後、韓国で最も大きい野外フェスティバル〝Grand Mint Festival〟の新人コンテストで注目を浴び、それを機に、フェスティバルの主催者であった韓国の代表的インディーズ・レーベル Happy Robot Records と契約に至った。ロックにうるさいファンが集うイギリスの「グラストンベリー・フェスティヴァル」に招待される程の実力派で、日本からも熱い反応を得つつある。日本の音楽関係者たちがＴｈｅＫｏｘｘを聴くために足げく韓国を訪れ、その努力が２０１０年のミニアルバム *The Koxx-Enter* の日本リリース（Only In Dreams から）に結実している。

そんな噂を聞きつけ、さらにその日本盤も聴き込み、筆者も「ホンデ」のとあるライヴハウスにＴｈｅＫｏｘｘを体験しに出かけてみた。日本のロック・バンドが失って久しい「熱さ」がほとばしるステージングは、有無を言わさない力技でオーディエンスの心を掴んで行く。あるアメリカの黒人ボクサーが、試合前の心境を聞かれて、〝I'm gonna rock 'n' roll tonight!〟（今夜は大暴れしてやるぞ！）と答えていたのと同じ意味の「大暴れ」を、その夜のＴｈｅＫｏｘｘは躊躇なくやってのけて見せてくれた。彼らの平均年齢は23歳。しかしその実力は、並み居るベテランをも凌ぐ。ヴォーカルのヒョンソンは、カリスマ性も充分だ。彼らの兵役後の活動再開を、いまから首を長くして待っている。

ＴｈｅＫｏｘｘの次にステージに立ち、その日のトリを務めたのはムーンシャイナーズ。第1章で言及した『ゴーゴーセブンティーン』におけるデビルズのドラマーを演じた孫懃昊がドラムスを担当するベテランバンドである。彼らは、60年代風のビートバンドの流れを汲む、韓国では貴重なバンドだ。勢いのあるＴｈｅＫｏｘｘの演奏の後でも、微動だにしない安定感はさすがで、甘酸っぱいメロディに隙間のあるリズムが絡みつくと、何とも言えない「味」が醸し出される。ローリングストーンズなどに相通ずる、音の隙間をあえて埋めない余裕が、ムーンシャイナーズにはある。この種の余裕は、日の出の勢いのTheKoxxでさえ、いまだ持ち得ていないものだ。

次の日の夜は、ジャズ系のクラブ「エヴァンス」に出かけてみた。イ・チョルフンJazz Hop with MC Metaというユニットのパフォーマンスは、ジャズとヒップホップの融合という、日本ではあまりお目にかかれないジャズ・ホップ・スタイルであった。スウィングするウッド・ベースとドラムス、そこにイ・チョルフンの卓越したピアノが重ねられ、サキソフォンがむせび泣く。そのむせ返るようなジャズ・ムードがスクラッチとラップで攪拌されると、体験したことのない音の融合体が目の前に広がった。その音のアマルガムの前で、最後は、会場に居合わせた客たちもオール・スタンディングで盛り上がった。60年間生きてきて、数え切れないほどのライブに接してきたが、確実にベスト10には入る出来で、大満足。こんなふうに、毎夜2時くらいまで、「ホンデ」のライヴシーンは、ソウルの夜を熱く燃え上がらせているのだ。いま、間違いなく、アジアで一番大きなエネルギーを放っている音楽エリアである。

「ホンデ」からキャリアをスタートして、現在メジャーシーンに殴り込みをかけているバンドにノーブレインがいる。彼らのアルバム *No Brain vol.5:It, s the Youth* の中に入っていた「真夜中のミュージック」のザラッとした純粋さに胸を打たれて以来、意識的に彼らを聴いている。彼らは、よく日本のブルーハーツと比較されるが、モッズに近い男気や反骨を感じたりもする。

韓国でロックは主流になり難いとよく言われるが、確かにその通りだと思う。メンバー全員が運命共同体のようにして伸し上がって行くしかないロックのサクセス・ストーリーにとって、兵役の存在はあまりにも大きい障害である。加えて、アイドルが主流の韓国メジャーシーンに、ロックが入り込むスペースは非常に限られているようだ。あのＣＮＢＬＵＥでさえ、その音楽センスをときには封印してアイドルっぽいサウンドにシュガーコーティングしなければ、商業ベースに乗らない。２０１２年８月、オリコン・ウィークリーチャート1位を獲得した日本メジャー1stアルバム *CODE NAME BLUE* は、そうした苦心の商業戦略の賜物である。

このような状況下にあっても、あくまで自分たちの

スタイルを貫きつつファン層を拡大しようとするノーブレインの挑戦には、素直に頭が下がる。映画『青春とビート、そして秘密のビデオ』(2012)には、インディーズからメジャーに這い上がろうとする際の「ホンデ」シーンの厳しい実態が描かれていて、ノーブレインの置かれた状況のハードさを改めて認識させられた。ノーブレインの音楽は、パンクロックという枠組みだけで括れない奥行きを持っている。彼らのソリッドな演奏に被さってくるメロディは、同じ「ホンデ」出身のマイ・アント・メリー(2004年の彼らのアルバム*Just Pop*は韓国ロックの金字塔)に通ずるポップ感を携えている。2006年に大ヒットした「お前、俺のこと好きだろ」はその好例である。また、BIGBANGとのコラボレーション曲〝Oh My Friend〟の存在もそれを裏づけていよう。ノーブレインには、その真っ直ぐなロック魂で、韓国のロックシーンをぐいぐいリードして行ってくれることを願って止まない。

10. K-POPの課題

K-POPの一番大きな課題は、著作権という概念を浸透させ、その著作権に対して正当に報酬が入るシステムを確立することであろう。なぜなら、その確立こそがK-POP

界の構造改革に繋がるからだ。それにはまず、韓国社会全体が著作権に対する意識を改善する必要がある。

筆者が韓国に興味を持ち始め、その土を初めて踏んだ１９８０年代には、韓国に著作権という概念はほとんど存在しなかった。東大門や南大門の市場には、コピー商品が溢れていた。客引きのお兄さんの「わたしの会社の社長はミスター・リー（李）、副社長はミスター・ボク（朴）、だからうちのシューズはリーボクよ」というキャッチーかつウィットに富んだフレーズは、個人的には高く評価した。そして、その店で買った２０００円の「李朴シューズ」で、ソウルの街を歩き回ったものだ。

それが、ブランド名を少しもじって商品化し始めた頃、韓国社会にも著作権への小さな意識の蕾が芽生えたであろう。そして最近では、コピー商品を取り締るため、当局による市場の見回りが強化されていると言う。他人の著作権を侵害してはいけないという意識がやっと韓国社会に形成されつつある。

しかし、音楽著作権に正当な代価を支払うという意識は、いまだ充分に浸透しているとは言い難い。韓国著作権協会（ＫＯＭＫＡ）が設立されたのが１９６４年、そのＫＯＭＫＡに著作権信託管理業の認可が下りたのが１９８８年、実際に著作権者の収入を受け取る窓口になる音楽出版社が国内で初めて設立されたのは１９９４年である。音楽著作物に関する日韓の相互管理契約は、2007年まで結ばれていなかった。日本音楽著作権協会(JASRAC)が1939年に設立されていることを考えると、韓国の音楽著作権に対する認識は、相当遅れていると言わざるを得ない。

K-POPアーティストによる盗作問題が周期的にマスコミを騒がすのも、この遅れと無関係とは言えないだろう。音楽著作権に対する認識が深まり、正当な利益分配がK-POPシーンにもたらされないと、楽曲を「つくる」旨味が生じない。アイドルグループのようなビッグセールスは難しいがセルフ・プロデュース率の比較的高い韓国のロックやフォークやコアなR&Bなどは、作詞・作曲・編曲の印税を受け取るシステムが充実すれば、ミュージシャンたちの収入が増える。そうすれば、プロを目指す人たちも多くなり、ひいては音楽シーン全体の底辺が広がるであろう。

ソウルの鐘路には、楽器店が約250も軒先を連ねる世界最大の楽器商街がある。その存在は、韓国の人たちの音楽に対する愛を具現していよう。楽器を演奏したいと思う人がこれ程いるということは、それに比例して楽曲を作る人も多いはずだ。しかしソウルでは、その昔リヴァプールの悪ガキ仲間がバンドを組んで、曲を書いて、世界を制したような夢を描き難い。その豊穣なる音楽土壌の優位性を後押しする音楽著作権の回収システムが確立されていないからである。

それさえ確立されれば、すべてが解決するという訳ではないが、ロックやフォークやR&B界からの優れたアーティストの台頭を促がし、K‐POPはアイドルグループ一辺倒という国外でのステレオタイプを払拭できると考える。そうなったとき、日本におけるK‐POP受容もブームから定着へと移行して行けるだろう。

おわりに（反日と嫌韓を越えて）

ヨーロッパ諸国の「植民地主義」（colonialism）を正当化するための論拠が「植民地近代化論」である。それによれば、後進国は、植民地化によって自力では難しい近代化を促進できると言う。確かに植民地支配は植民地のインフラ整備には一定の貢献をする。しかし、支配を受けた国の文化を破壊するという一面をも併せ持っている。それゆえ、必然的に、植民地の人々の誇りを傷つけ、癒し難い悲しみを与えることにもなる。タイガーＪＫは、２００５年の曲「１９４５年解放」の中で、日本から受けた韓国の悲しみが、60年の歳月を経てもなお消えていないことを激しくラップしている。

その深い悲しみを越えて新たな日韓の時代を築いて行くには、21世紀の日本人と韓国人はどうすればよいのだろうか。現在のところ、政治局面での日韓の緊張が早急に緩和するとは予測し辛い。となると、経済・文化両面での民間交流を強化し、両政府間の軋轢をできるだけ抑止する以外に、「反日と嫌韓を越えて」行く現実的方策はないように思われる。

竹島上陸後、李明博《イ・ミョンバク》大統領が日本の天皇に対する行き過ぎた言動に及んだときも、大統領を嗜めたのは、自国の経済に悪影響を及ぼしたくないという韓国国内の民意であった。一方、安倍晋三首相が「竹島の日」における政府主催の式典を見送る方針を打ち出した裏には、外交に先行する日韓両国間の経済・文化交流への配慮が存在したことに疑いの余地はない。

日本の非営利団体「言論ＮＰＯ」と韓国のシンクタンク「東アジア研究院」が日韓情勢に関する世論調査を行なった（２０１３年3月末〜4月中旬実施）結果、竹島や歴史認識を巡る政府レベルでの対立を踏まえ、日本の40％、韓国の47％の回答者がこの1年で「相互の印象が悪化した」と答えたとされる。それでも、70％以上の日韓両国民が、その悪印象を修復するには「日韓の（経済・文化）交流がお互いに重要だ」と答えている。

白楽春（ペク・ナクチョン）ソウル大学名誉教授は、「市民社会レベルでの日韓交流は、韓半島レベルの２０１３年体制の樹立にも寄与する」[1]と予測し、日韓両国民による経済・文化交流の有益性と両国の新政権に対する期待を強調している。

日本の新政権は、竹島問題に関する日本側の主張をあえて抑えて、前述のように、日韓関係のこれ以上の悪化を防ごうとする高度な外交的配慮を見せた。当然、日本国内にはその判断を批判する人たちがいる。それでも安倍新政権は、高い支持率を背景に、島根県主催の「竹島の日」式典の方には内閣府政務官を初めて派遣する配慮で政治的バランスを取り、批判の過激化を巧みに封じて見せた。しかし、その後の安倍首相は、一変して外交的配慮に欠ける発言が目立ち始めてしまった。オバマ大統領が非公式に懸念を表明した靖国参拝問題や歴史認識問題にも十分な配慮を及ぼして欲しいところだ。北朝鮮の暴発阻止のためには、堅固な日米韓連携が不可欠ゆえである。

その意味で、一連の安部首相発言に対する国際世論の風当たりが強まる中、菅義偉官房長官が現内閣として、従軍慰安婦問題に一定の強制性を認めた「河野談話」の歴史認識を見直さないとの見解を発表し、植民地支配と侵略行為を詫びた「村山談話」、「小泉談話」も全体として踏襲するとしたことは、一応の救いであった。

また、韓国の新政権にも、国内の反日的ムードを煽るような前政権の失政を繰り返さず、日韓関係の修復に繋がる冷静な舵取りを願わずにはいられない。その意味で、就任当時は冷静な対応で安定感のあった朴政権が、日米韓連携から中米韓連携を模索し始めたことには、危惧の念を抱かざるを得ない。韓国への日本の「外国直接投資」（ＦＤＩ）は２０１２年実績で45億４０００万ドルと前年の倍以上に増えている。お互いに依存度を高める日韓経済の現実を見失わないで欲しいところだ。

日韓の民間交流を妨げる要因に、反日と嫌韓ブームがある。嫌韓ブームは、日本の若い世代がインターネット社会を中心につくり出したものだ。韓国のことなどほとんど見向きもしなかった若年層が、ネットの普及によってこれまでメディアが伝えてこなかった日韓間の情報（根拠の危うい情報も多いので注意が必要）が伝わったことも相俟って、いきなり感情を露にし始めた。

嫌韓派の中には、日本の終身雇用制が機能し難くなったことで、契約雇用中心社会への順応を余儀なくされている者が少なくない。さりとて、「ゆとり教育」で競争することをなかば放棄させられた彼らは、契約型の激しい競争社会への順応力が極めて低い。彼らのストレスは、募るばかりではけ口がないのだ。過激な言動に走る潜在性は、こうして形成されて行った。

下村博文文部科学大臣は、「『ゆとり教育』は『ゆるめ教育』になってしまった」[2]と指摘し、なおかつ、「ゆとり教育」の考え方は間違っていなかったが運用が上手く行かなかっただけだとの責任逃れを繰り返す「ゆとり教育」擁護派に対しても、「『ゆとり教育』でクリエイティヴィティが身につくという考え方自体が間違っていた」[3]と厳しく糾弾している。加えて、「基礎学力を叩き込むのは基本的に『つめこみ教育』であり、それが不十分で基礎が定まっていないところからクリエイティヴィティなど生まれはしない」[4]と苦言を呈してもいる。まったく、その通りである。基礎教育を怠っては、日本の「モノづくり」の根幹が崩れてしまいかねない。

そんな不完全な教育の容認と被教育者のストレスが充満するさなか、隣国から、韓流スターやＫ‐ＰＯＰアイドルといった文化侵略とサムスンに代表される経済侵略とが同時に飛来してきた。競争を求められてこなかった日本の若者たちにとって、隣国の高い競争力は脅威であり、その脅威は強烈な嫉妬心に転化して行った。そして、その傍らには、匿名を選択さえすれば反撃を受けないですむネット社会なる発信世界が生まれていた。かくして嫌韓は、ネット上で、若年層のサブカルチャーとして顕在化したのである。

この嫌韓派の言動は、最近では、新大久保で在日コリアン排斥デモを繰り広げるまでにエスカレートしている。万が一にもその主張が日本の世論の大半を占めれば（そんなことはあり得ないと思うが）、日本は国際社会の中で立場を失い、孤立してしまうだろう。確たるイデオロギーからではなく、競争社会に上手く適合できないことに対するフラストレーションが源泉である彼らの行動を宥めるためには、政治議論などではなく経済復興に伴う雇用機会の増大こそが急務であり、中・長期的には、しっかりした民主主義教育（ＩＴ倫理教育も含む）が求められていよう。

ある意味で、彼らは、小泉政権以降の雇用政策と間違った教育方針の犠牲者（競争を強いる政策と競争を避ける教育という歪んだ社会構造が生んだ軋みの犠牲者）とも言える。そのような社会的弱者を輩出し続ける日本社会であってはならない。社会的弱者は、別の弱者を攻撃あるいは差別することによって自分たちが抱えるジレンマを解消しようとする傾向があることは、世界の差別の歴史が証明している。こうした負のスパイラルが日本社会に蔓延・慢性化すると、国際社会からの日本への視線が冷ややかになり、やがては日本の国益を損なってしまう。差別は、する方にもされる方にも暗い未来をもたらす社会悪なのである。

一方、2010年代に入ってからの韓国では、大卒の就職率が正規社員に限ると30%台（非正規雇用を含めても50%台）で推移しており、日本のニートにあたる白手（ペクス）という言葉が一般化して久しい。ソウル市内の鷺梁津（ノリャンジン）には、1万人の就職予備校生が集まる就職浪人街がある。そこでの若者たちは、あらゆる欲望（趣味、レジャー、恋愛など）を切り棄て、早朝から深夜まで勉強と訓練に明け暮れている。しかし、このような競争至上主義を遠因として、若者たちの間で協調性が低下するといった悪影響も出始めている。

彼らの発信手段もまた日本と同じくインターネットであり、「反日ドットコム」は反日派白手たちの牙城とも言えるサイトである。彼らの間では、日本人には何を言っても無礼にはならないとされる。こうした韓国若年層反日派の書き込みも、日本の嫌韓派の若者たちのそれと同様に稚拙なものが多く、その精神的拠り所が独島である。彼らの反日精神構造は、不健全な愛国主義を楯にとり、自分たちの将来への不安のはけ口を他国に向けているだけだという点で、日本の嫌韓精神構造と根っこは一緒である。

昨年の大統領選挙において、反日姿勢を鮮明にした文在寅候補が予想された程反日的若者層の支持を得られなかったのは、その若者層の心底において、題目として唱える反日へのベクトルよりも格差是正に無策な政治に対する諦めの方が大きかったからだと筆者は分析している。対照的に、親日的という批判を浴びながらも国民をよりよい生活に導いてくれた朴正熙《パク・チョンヒ》政権へのノスタルジアが、朴槿恵陣営に有利に働いたであろう。

韓国の民意は、歴史教育で育まれたナショナリズムと正念場の経済というリアリズムを両端にして、振り子のように大きく左右に触れているのだ。このことを理解して韓国社会を見つめない限り、真の韓国像を把握できない。社会学者の高原基彰は、「韓国人すべてを均質とみなして『のっぺりとした反日／親日』をいくら論じていても、何一つ生産的なことはない」[5]と断言している。

「生産的でない」行為は、ときとして韓国側からもなされる。前々回のワールドベースボールクラシック（WBC）における日韓戦勝利後にピッチャーマウンドに太極旗を立てた行為、ロンドン・オリンピック・サッカー男子三位決定戦における日韓戦勝利後に「独島は我が領土」と書いたボードをスタンドに向けて掲げた行為。これらは、スポーツ交流の場に絶対に持ち込んではいけない政治的行為である。また、長崎県対馬市の観音寺が所有していた観世音菩薩坐像（県指定文化財）が２０１２年10月に盗難に遭い、２０１３年１月になって、韓国の警察当局が検挙した窃盗団から押収された。日本政府は「文化財不法輸出入禁止条約」によってその返還を求めたが、２０１３年２月26日、韓国の大田地裁は、「これを返還しない」とする仮処分決定を下した。「朝鮮半島から伝来したと伝えられるこの仏像を本尊としていた寺が、正当に仏像を取得したとの事実が証明されない限り、韓国政府はこれを日本側に返還してはならない」との内容であった。これでは文字通り「盗人にも三分の理」である。

こうした一連の行為は、独立直後の韓国であれば、途上国ゆえの未熟さとして大目に見られもしようが、現在の韓国は、おしもおされぬ先進国である。先進国としての成熟した振る舞いを国際舞台でも見せて欲しいと思う。このように言うと、ある韓国人から「あなたは右翼ですか？」と言われたことがある。私は、国際ルールを語っているだけなのだ。そのルールにのっとっての主義主張でなくては、国際社会で通用しないと、あえて苦言を呈したい。

逆に、「いま『植民地時代から少女時代へ：反日と嫌韓を越えて』というタイトルの本を書いている」と言ってその概略を説明すると、ある日本人から「あなたは左翼ですか？」

と言われた。私は、韓国大衆文化に対するリスペクトの念と日韓友好の重要性を語っているのだ。同時に、韓国に対しても言うべきことは言っているつもりである。それなのに左翼的と捉えられるのは、最近の日本で散見される、行き過ぎた右傾化現象が原因だろうか。

しかし、コペルニクス的転回をもって、ここでの日韓双方からの筆者への相反する指摘を考えてみると（大袈裟な物言いは「はじめに」から「おわりに」まで首尾一貫した著者の悪癖）、本書が辛口に批判した点に日韓双方が本気で修正を加えようと試み、歩み寄れる落としどころを見出そうとすれば、日韓外交の新たな道が開けると言えなくもない。優れた外交とは、一方の圧倒的な勝利を引き出すことではなく、双方が納得できる妥協点を見出すことである。そんな視点から本書を読んで貰うのも「あり」だと、不遜にも思っている。

そこで、手前みその誹りを承知の上で、批判と修正の重要性を実体験から語ってみよう。筆者は、大学で教鞭をとっている。学生の不謹慎な行為や怠惰な学習態度に注意を与えないのは、学生への愛がないからだと思う。愛がなければ無関心でいられるから、無用な衝突や軋轢を避ける。それが学生に対して優しい教員と勘違いされることが間々ある。しかし、それは絶対に間違いである。同じように、現在の迷走する日韓関係に見て見ぬふりができるのは、日韓双方への愛がないからだ。愛がなければあらゆる日韓問題に無関心でいられるから、無用な衝突や軋轢を避ける。それが友好的な人間だと勘違いされることが間々ある。しかし、それも絶対に間違いである。

愛があるからこそ怒りを感じるのであり、その怒りを生み出している原因を批判し修正しようとする。そうすると、当然、注意を与えたり意見を述べたりもする。愛をもって注意を与えたときは、学生は必ずいつかは分かってくれる。同じように、愛をもって日韓双方に意見を述べれば、それは必ず日本人には分って貰え、韓国人の心にもいつかは届くと信じている。いい歳をして感傷的だと笑われようと、それでも背筋をピンと伸ばしてあえて言おう。〝All we need is love.〟

本書では、自身の日本と韓国への愛の表現手段として、ソウル・オリンピックとFIFAワールドカップ日韓共同開催をターニングポイントに設定し、韓国のスポーツ文化も含んだ大衆文化の成果を日韓の歴史に重ねて見せた。さらには、K－POPとJ－POPの比較論を展開しながらK－POPのグローバル戦略を語り、その戦略の延長線上に実現した日本でのK－POP受容を解説した。また、「ホンデ」のインディーズシーンの盛り上がりを伝えることで、アイドル一辺倒という日本でのK－POPへの偏見を覆し、韓国音楽シーンの懐の深さを日本のファンにも理解して貰おうとした。

欲を言わせて貰えば、この日本語版の出版後に、誰かが翻訳を引き受けてくれるなら、韓国語版も出せればと願っている。韓国国内で、一日本人の書いた韓国文化への愛がどう評価されるのか、試してみたい気もする。その際は、批難ごうごうのリスクも覚悟しておかなければならないだろう。

本書のタイトルにグループ名を使用させて貰った少女時代は、韓国大統領竹島上陸以後の日本での人気を回復しようと、２０１３年春、２度目の日本ツアーを果敢に仕掛けてきた。メンバーの一人スヨンは、政治に翻弄された２０１２年の日本での活動について、「あんまり満足してません。（少女時代として）もっと日本で色んなことをチャレンジしたかったけど、自分たちの姿（パフォーマンス）を見せる機会があまりなかった」[6]と語った上で、２度目の日本ツアー（新潟、さいたま、名古屋、大阪、神戸、広島、福岡）への意気込みを表明した。チケット売り上げは、予約段階で20万枚に達し、ツアーが始まってみると、人気は予想を大幅に上回り、追加公演まで決まった。

加えて、李明博大統領の竹島上陸の煽り受けて、日本でのプロモーションの機を逃したかに見えたＡＦＴＥＲＳＣＨＯＯＬも、再度の日本進出を仕掛けている。韓国ファスト・ファッション・メイカーＭＩＸＸＯの日本初出店に際し、メンバー全員の抜群のスタイルを買われて、イメージモデルを務めている。

日韓文化交流は、政治的軋轢を乗り越えて、新たな局面（バブル的な人気から人気の定着局面）に入ろうとしているのだ。Ｋ－ＰＯＰアイドルたちの活動のスケールとは比べものにならないが、筆者も本書を通して、「反日と嫌韓を越えて」行く文化交流の一翼を担えれば光栄だ。

本書以外で自分にできる貢献としては、東京への飛行時間より釜山へのそれの方が短い地理的特質を有する山口県で、地域社会に根ざした日韓交流へのアクションを定期的に発信して行くつもりでいる。２０１３年の7月7日（七夕：チルソクの日）、「日韓友好の再構築」と題したイヴェントを主催する予定だ。そこでは、『チルソクの夏』の上映会、そして佐々部清監督、主演の水谷妃里さん、エイベックスの竹田洋一ＳＭエンターテイメント部課長などをパネリストに配したシンポジウムも行なう。

加えて、英語の教員であると同時に大学の留学生支援の一端を担うものとしては、韓国からの留学生を一人でも多く受け入れ、日本のビジネスパートナーになって貰える人材を育てたい。幸い、私の知る韓国人留学生たちはみな、日本と日本文化をかなりの水準で理解しているので、大きなポテンシャルを秘めていると感じる。もう海外留学生を「お客様」扱いする時代ではなく、優能な「味方」に育てる時代である。「ビジターからパートナーへ」

が、筆者が考え出した海外留学生教育の基本理念だ。

海外留学生が日本企業でバリバリ仕事をして、それに応じた税金を払ってくれれば、日本経済の活性化に繋がるし、年金受給資格年齢に数年後到達する高齢者の一人としても、老後に微かな希望が湧いてくる。何しろ、人口構成図の上に圧倒的な膨らみを形づくる団塊の世代の年金を、この先も減少し続けることが確実な日本の生産年齢層だけで賄って行くのは、数学的に不可能だ。ましてや、我々高齢者の寿命は、幸か不幸か延び続けているのだから。現在、65歳以上の高齢者が３０００万人を越え、日本の総人口の四分の一に迫っている。

逆に、一人でも多くの日本人学生を韓国の大学に留学させ、日韓の架け橋となる人材も育てたい。現在の日本の政権は、日本人学生の海外留学を促進する環境づくりに積極的な後方支援をしてくれそうな気配だ（これまでの政権は「日本人留学生を増やせ増やせ」と笛を吹くのみであった）。安倍首相の「留学中もしくは留学を希望する志の高い日本人学生が、就職活動などで不利益を被ることが断じてあってはならない」という公式声明は、日本人学生の海外留学を推進する使命をおびている者には、またとない追い風となっている。その際首相が述べた言葉にならえば、「世界に勝てる（日本人の）若者」を、一人でも多く輩出したいと思う。

こうした政府の基本方針のもとに、「日本人学生の就活の開始時期を3月としたい」という具体的提案もなされた。この提案が現実のものになれば、留学から帰国後の就活が現状より容易になり、留学が就活のハンデになることをある程度防いでくれよう。多くの日本企業が、企業規模にかかわらず、海外留学生と同時に海外留学を経験した日本人学生を求め始めている。国際感覚を身につけた日本人学生にも、海外留学生とともに日本企業のグローバル化に大いに貢献して貰いたい。

また、在日コリアンの就職事情も徐々に変わりつつあるようだ。つい先日、留学生関連の大学行事で、ＮＨＫ山口放送局の取材を受けたときのことだった。テキパキと関係者のコメントを聞いて回っている若い美人女性記者に名刺を貰うと、明らかにコリアンの出自を表す名前だったので、「韓国の方ですか？」と聞いてみた。すると彼女は、「在日です」と凛として答えてくれた。「あ、そうですか」としか言葉を返せなかったが、「やっと、こんな時代がきたのか」と感慨もひとしおであったし、心の中では「頑張って」と呟いてもいた。彼女が堂々とコリアン・ルーツを明示する名前で仕事している事実から、彼女のアイデンティティに対する強い思いが伝わってきた。インターネット上に、在日有名人リストをアップして悦に入っている低俗な連中に聞かせてやりたい話だ。

昭和の時代においては、在日の人たちの職業選択肢は、プロのスポーツ選手や芸能人になる以外には、家業を継ぐか、民団や総連の力に頼って仕事を紹介してもらうか、あるいは裏社会に潜り込むかくらいしかなかったと思う。医者・弁護士などの専門職につける者はごく限られた少数派でしかなかった。多くの日本企業がグローバル化を打ち出している昨今、在日コリアンにも門戸を開くグローバルなマインドの企業がもっともっと増えて欲しいと切に願う（マスコミ関連企業を中心に、雇用状況は進展しているように聞く）。

在日関連のエピソードとしてもう一つ、筆者がパーソナリティーを務めるラジオ番組に届いたメッセージを紹介してみたい。K-POPを特集した週に、第1章で言及した「朝露」を、この歌が韓国の民主化運動を象徴すること、加えて、この歌を歌った金敏基《キム・ミンギ》が韓国政府から不当な弾圧を受けたことなどを説明してオン・エアーした。すると、ある在日を名のるリスナーから、「朝鮮半島の情勢を外から見守る在日にとって、この曲はいろいろな意味のこもった、感慨深い曲です。個人的には朝鮮高校2年のとき、学校行事で公に歌うのをあまりよしとされなかった中、卒業生を送る会で、大好きだったこの曲を歌ったことを思い出します」とのメールを頂いた。涙がこぼれそうになって、それをグッと堪えてメッセージを読ませてもらった。

韓国社会の最後に残った問題点は社会階層間の格差だと言われて久しい。そこで、その格差是正に対しても、一つだけささやかな提言をしておきたい。学歴が人生のすべてを決めると言っても過言ではない韓国において、親たちは、将来を考えて、自分たちの子供を高等教育機関へ進学させることに血道をあげる（現在、韓国の大学進学率は80％を超える。ちなみに日本は約50％）。現代版「科挙」（クァゴ：李朝期に有能な人材を登用する為に導入されていた試験）と言えなくもない「修能」（スヌン：1994年度から導入された大学修学能力試験の略。日本のセンター試験に相当）は、韓国社会における成功への登竜門として機能している。その試験日（毎年11月）は、韓国全体がその成功への約束手形争奪戦を中心に動く。テレビ・新聞などの報道も、「修能」一色の一日となる。

この異常と思えるほどの進学熱の高さの裏には、韓国の両班（ヤンバン）文化が横たわっていると思う。両班とは、高麗、李王朝時代の官僚機構・支配機構を担った最上位の身分階級のことである。この身分制度は、甲午改革（1894年から1895年にかけて起こった急進的な近代改革）以後は廃止されたのだが、両班の志操の高い精神性を尊び、「両班精神」、「両班意識」などの言葉が現在の韓国社会でもまかり通っている。韓国社会は、いまも強固な知識人重視の社会なのだ。族譜（チョッポ）を重んずる韓国人の大多数が両班の血を引くと自称していることからも、両班文化が現在でも韓国社会全体に大きく影を落としている実態を垣間見ることができる。

しかし、その韓国特有の精神構造こそが、韓国の近代化を阻んでいると言えなくもない。学問を究めた者への尊敬自体は決して悪いことではないが、それが昂じて、頭脳労働のみを高く評価し肉体労働を軽視する傾向が韓国にはあるのだ。両班のように、自らの手を汚さず、理念を論じる者こそ気高い人間と見做されるので、額に汗して働く労働者階層の社会的評価は極めて低い。それが、韓国の労働者階層の低賃金に繋がり、結果として格差社会の慢性化をもたらしている。今後韓国社会が格差を克服して行くには、経済改革と並んで、両班文化への意識改革が必要となろう。

日本においては、「モノづくり大国日本」の言葉に象徴されるように、製造現場こそが最も重要な場所だというコンセンサスが社会の中で成立している。一流製造企業の工場においてさえ、工場長から人事課の新入社員に至るまで、現場労働者の着る作業着と同じものを事務所内で着用している。このことは、日本の製造業は、モノをつくる現場の人間の汗と油にまみれた手に支えられているという企業哲学を具現している。この哲学ゆえに、日本の給与体系は世界でも類を見ない公平なものとなっている。ブルーカラーの賃金はホワイトカラーの給料の8割程度であり、夜勤手当や休日出勤手当を加えると、ホワイトカラーを上回る場合さえあるのだ。

韓国の製造業界は、いろんな分野で日本を追い抜いたが、利益配分比には問題がある。

利益の大半は財閥に含み資産として蓄積され、その財閥株を保有する外国人投資家にも莫大な利益が配分される。そして残った利益の中から中間階層にはそれなりの配分がなされ、労働者階層にはスズメの涙程度の利益配分しかなされない。これが、非常にラフなスケッチだが韓国社会の格差構造であり、その背後には伝統的両班精神及び意識がある。この社会構造に修正を加えるには、日本の技術だけでなく日本の現場第一主義の精神（言い換えれば匠の技への尊敬の念）も取り入れたらどうだろうか。これは、決して上から目線で言っているのではなく、韓国社会最後の課題である格差を、一日も早く克服して欲しいから言っていると理解して欲しい。

国際社会において、自他ともに認める先進国である日韓両国には、「反日と嫌韓を越えて」、世界の総ＧＤＰの約２割を占めるまでに成長した東アジア経済の21世紀ロードマップを描いて行く義務があろう。北朝鮮の「瀬戸際外交」及び中国の「中華思想」の抑止には、強靭な日韓関係の再構築が大前提だ。そしてその義務の遂行には、日本人は、あまりに不勉強であった日韓の歴史に一人一人が真摯に立ち向かうこと、一方韓国人は、歴史の中に埋もれてしまいそうになる自己と自国を掬い上げ、それらを客観的な歴史認識から俯瞰してみることが必要になるだろう。その双方からの歩み寄りが現実のものとなれば、半島と列島を隔てる海とそのほぼ中央に位置する岩礁のような小島は、その厳つい表情を少し和らげてくれるはずだ。

より具体的な意見を言わせて貰えれば、過去にイギリスとフランス間の島の領有権問題を解決した実績を持つ「国際司法裁判所」(International Court of Justice: ICJ)に竹島(独島)問題の判断を委ね、その判断に日韓双方がしたがうというコンセンサスが構築されることが、未来志向の日韓関係だと思う。そうすれば、裁決がどうあれ、日韓双方はきちんと国際ルールにしたがったとして、国際社会での評価が上がるのではなかろうか。その際、不利な判決を受けてなお粛々と判決にしたがった国は、より高い評価を受けるだろう。甘いと言われるかも知れないが、そういうかたちで民族の誇りを示す方法論もあると思うのだ。

国際司法に委ねることが難しいなら、先だって日本と台湾との間で交わされたように、領土問題を棚上げにし、近接海域の漁業権を共有するとしたような妥協案も検討されてしかるべきである。日韓の領土問題は、実利というより面子の問題と捉えた方が現実に即している。それゆえ、双方が「領土問題は存在しない」と主張してきた。それでは、話し合いのテーブルにさえ着けないではないか。現実に竹島問題が日韓間最大の外交問題になっている現実に鑑み、日韓双方が「竹島問題は領土問題だ」とまずは認識し、実利を含めた妥協点を探ろうとする努力こそが必要だ。そうした既存の価値観にとって代わるオルタナティブな選択肢からしか、解決の糸口は見出せないような気がする。

領土問題を第三者機関の判断に委ねるにしても、あるいは日韓双方で妥協点を見出して行こうとするにせよ、重要なのは、本書で何回も繰り返し言ってきたように、民間レベルでの密度の高い日韓友好関係を政治外交の背景に構築しておくことである。実際のところ、朴槿恵大統領も河村建夫日韓議員連盟運営委員長との会談で、「国民の方が（日韓交流は）前に進んでいますね」と認めたように、日韓の民間交流は相当なレベルに達しているのだ。こうした友好的気運が一層の盛り上がりを見せて行かないと、いかに素晴らしい外交上の妥協案が提出されても、両国政府は、国民の反発を危惧して決断に踏み切れないはずだ。聡明な日韓両国民が、お互いの意地を払拭して、「反日と嫌韓を越えて」行くための知恵を絞るべきときがいま到来している！

最後に発行元であるかざひの文庫の磐崎文彰氏からの助言なしには、この本に日韓関係における一定のバランスを持ち込め得なかったことを記して、氏への謝辞に代えたい。

はじめに

1. 関川夏生『ソウルの練習問題―異文化への透視ノート』(情報センター出版局、1984)242.
2. PSY. "Gangnam Style" *PSY 6 Gab Part 1.* Seoul: YG Entertainment, 2012.

第1章

1. 『マイ・デイリー』(2005年5月4日)。
2. 『産経新聞』(2011年9月8日)。
3. 『産経ニュース』(2012年8月13日)。
4. 真鍋祐子『光州事件で読む現代韓国・増補版』(平凡社、2010)43.
5. 林洛平著、高橋邦輔訳『光州五月の記憶』(社会評論社、2010)25-26.
6. 金志勳『光州5・18』(DVD角川書店、2012)。
7. protestsongs.michikusa.jp/korean/kwangjucity.htm
8. 重村智計「歴史を変えた平和革命(クーデター)」『別冊宝島68・新しい韓国を知る本』(JICC出版局、1987)11.
9. 趙甲済「六月政変と中産層の反乱」『別冊宝島68・新しい韓国を知る本』(JICC出版局、1987)29.
10. 山下敦弘「ソル・ギョングの"空っぽの目"が見つめる未来への絶望」『韓国映画:この容赦なき人生』(鉄人社、2011)8.
11. 関川夏生『海峡を越えたホームラン ― 祖国という名の異文化』(双葉社、1984)302.
12. 前掲同書、286-87.
13. 前掲同書、47.
14. 前掲同書、58.
15. 前掲同書、61.
16. 前掲同書、24.
17. 井筒和幸『パッチギ』(DVDハピネット、2004)。
18. 新浦壽夫『ぼくと野球と糖尿病』(文藝春秋、1994)126.
19. 前掲同書、140.
20. cinemakorea.org/korean_movie/column/column219a.htm
21. 村山俊夫『アン・ソンギ:韓国「国民俳優」の肖像』(岩波書店、2011)37.

22. 前掲同書、38.
23. 前掲同書、119.
24. 趙容弼「釜山港へ帰れ」『チョー・ヨンピル韓国歌謡ベスト(韓国語ヴァージョン)』(ポリスター、1993)。
25. 趙容弼『自伝・釜山港へ帰れ』(三修社、1984)129-30.
26. 李政美「朝露」『キム・ミンギを歌う』(新幹社、1986)。
27. 朴建浩「ああ！大韓民国」『丁秀羅オリジナル・ヒット・ソングス』(Oasis LTD)。
28. 鄭建燮著、李鍾相訳『真由美最後の証言』(光文社、1988)159-60.
29. 前掲同書、254.
30. 前掲同書同頁。

第2章

1. 李泳采『『初恋』からノ・ムヒョンの死まで』(梨の木舎、2010)93-94.
2. 黒田勝弘『ソウル発これが韓国主義』(阪急コミュニケーションズ、2009)61.
3. 行定勲「ラストシーンの日だまりに僕が感涙した理由」『韓国映画のこの容赦なき人生』(鉄人社、2011)57.
4. Myung-Bak, Lee. Translated by Kim Ilbum. *The Uncharted Path.* Naperville, Illinois: Sourcebook, Inc., 2011, 3.
5. Livedoor(朝鮮日報配信)。
6. 『朝鮮日報』(2006年11月10日)。
7. 朴景浩、金徳起著、森岡理右監修『日本は敵、JAPANは友：打倒日本を貫いた韓国サッカー百年恨の秘話』(オークラ出版、2002)27.
8. 前掲同書、36.
9. 康熙奉編『日韓サッカーのすべてがわかる本！』(スリーエーネットワーク、2001)68.
10. 鄭夢準『日本人に伝えたい！ KOREA/Japan 2002』(日経BP出版センター、2001)184.
11. 康熙奉(前掲書) 73.
12. 康熙奉(前掲書) 42.
13. 吉崎エイジーニョ『日本vs. 韓国：ありそうでなかった日韓サッカー徹

底比較』(ぱる出版、2012年)30.
14.『きたやまおさむ&D50ShadowZ「イムジン河」『あの素晴らしい愛をもう一度』(スザクミュージック、2011)。
15. 井筒和幸『パッチギ2 : LOVE & PEACE』(ハピネット、2007)。
16. 吉田英一郎「奥田劇場サブマネ日記」『風の外側(公式パンフレット)』(ゼロ・ピクチュアズ、2007)。
17. 奥田瑛二『風の外側』(東映ビデオ、2007)。
18. 前掲同映像。
19. 前掲同映像。
20. 前掲同映像。
21. 具秀然「批評:そういえば、いつも風がふいていたな、下関じゃ」『風の外側(公式パンフレット)』(ゼロ・ピクチュアズ、2007)。
22. 佐々部清『カーテンコール』(バップ、2006)。
23. 前掲同映像。
24. 前掲同映像。
25. 前掲同映像。
26. 前掲同映像。
27. 前掲同映像。
28. 佐々部清『カーテンコール』(バップ、2006)メイキング部。
29. 佐々部清『チルソクの夏』(アスミック、2003)。
30. 前掲同映像。
31. 前掲同映像。
32. 新井英一『清河への道〜 48番』(Tri-m Corporation, 1995)。

第3章

1. Kim, Mike. *Escaping North Korea: Defiance and Hope in the World's Most Repressive Country.* Lanham, Maryland: Rowman & Littlefield Publishers, Inc., 2008. 46.
2. *Ibid.,* 47.
3. *Ibid.*
4. 辺真一編集協力『どうなる!これからの北朝鮮』(PHP文庫、2011年)28-29.
5. 金泰均『クロッシング(公式パンフレット)』(マクザム、2007)。

6. 『中央日報』 2012年3月16日。
7. 李泳采『IRISでわかる朝鮮半島の危機』(朝日新聞出版、2010)208.
8. 梁允豪/揚允浩『アイリス：ノーカット完全版』(ポニーキャニオン、2010)。
9. 河泰慶『金正恩入門： 北朝鮮若き独裁者の素顔』(TOブックス、2011)179－80.
10. 『毎日新聞』 2012年11月3日。
11. 『産経新聞』2012年3月22日。
12. 『毎日新聞』2013年3月8日。
13. 石丸次郎「デジタル・ITで北朝鮮社会は変わるか」『リムジンガン第6号』(アジアプレス・インターナショナル出版部、2012)47-49.
14. 五味洋治『父・金正日と私/金正男独占告白』(文藝春秋、2012)252.
15. ファンキー末吉『平壌6月9日高等中学校・軽音楽部：北朝鮮ロック・プロジェクト』(集英社インターナショナル、2012)98-99.

第4章

1. 君塚太『日韓音楽ビジネス比較論：K-POPとJ-POP本当の違い』(アスペクト、2012)5.
2. 李承美「韓国における社会批判を歌うアイドル」『ポピュラー音楽研究 Vol. 16』(日本ポピュラー音楽学会、2013)19.
3. ja.wikipedia.org/wiki/ソ・テジ
4. ソ・テジ「渤海を夢見て」*SEOTAIJI AND BOYS Ⅲ*. Tokyo: Antinos Records Inc., 1994.
5. innolife.net (2005年8月6日)。
6. 山川智『東方神起の涙』(イースト・プレス、2010)29.
7. 君塚太(前掲書)74.
8. 朴倧玄『KARA、少女時代に見る韓国の強さ』(講談社＋α新書、2011)83－84.
9. Jin-Young, Park. *"Tell Me," The Wonder Years*. Seoul: Seoul Records, 2007.
10. 三浦文夫『少女時代と日本の音楽形態』(日経プレミアシリーズ、2012)70.

11. 西森路代『K-POPがアジアを制覇する』(原書房、2011)28-32.
12. 茅原秀行編 BIGBANG PRESENTS ELECTRIC LOVE TOUR 2010 (幻冬舎、2010)34.
13. 西森路代(前掲書)23.
14. 菅野朋子『ソニーはなぜサムスンに抜かれたのか』(文春新書、2011) 185.
15. 湯山玲子「だからアムロは女に愛される」『安室奈美恵:音楽・人・センス』(別冊宝島、2008)18.
16. Maybee."10 Minutes," *STYLISH...EhyOlee*. Seoul: Daeyoung AV, 2003.
17. 高原基彰「弘大前インディー文化の構造転換」『日本ポピュラー音楽学会ニューズレター 92号』(日本ポピュラー音楽学会、2012)6.
18. 古家正亨「弘大の栄枯盛衰・・・・・そしてこれから」『ディスク・コレクションK-POP』(シンコーミュージック・エンターテイメント、2013) 140.

おわりに

1. 白楽晴著、青柳純一訳『韓国民主化2,0:「2013年体制を構想する」(岩波書店、2012)12.
2. 『プライムニュース』(BSフジ)2013年5月7日。
3. 前掲同番組。
4. 前掲同番組。
5. 高原基彰『不安型ナショナリズムの時代:日韓中のネット世代が憎みあう本当の理由』(洋泉社新書、2006) 171.
6. 『情熱大陸』(TBSテレビ)2013年3月24日。

写真提供

P29
光州五月の記憶：
尹祥源・評伝
林 洛平
（社会評論社）

P42
海峡を越えたホームラン
関川夏央
（朝日新聞社刊）

P55
ぼくと野球と糖尿病
新浦壽夫
（文藝春秋）

P57
ホームランが聞こえた夏
DVD 発売中／ 3990 円（税込）
発売元：ハピネット
CJ Entertainment Japan
販売元：ハピネット
©2011 CJ Entertainment Inc.
All Rights Reserved

P62
GOGO70 s
DVD 発売中／ 5040 円（税込）
発売・販売元：
㈱ファインフィルムズ
©2008 Showbox/
Mediaplex, Inc., United
Pictures&
BK Pictures. All Rights
Reserved.

P4
ソウルの練習問題
関川夏央
（新潮文庫）

P7
アジョシ
スペシャル・エディション
DVD 発売中／ 4095 円（税込）
発売・販売元：㈱ハピネット
©2010
CJ ENTERTAINMENT INC.
&UNITED PICTURES,
ALL RIGHTS RESERVED

P20
「週刊朝日」
2010.04.30 号

P26
ユゴ 大統領有故
DVD 発売中／ 5040 円（税込）
発売・販売元：エスピーオー
©2005 by MK PICTURES

P27
大統領の理髪師
DVD 発売中／ 4935 円（税込）
発売・販売元：アルバトロス

P95
韓国の希望 盧武鉉の夢
盧武鉉
（現代書館）

P104
英語完全征服　特別版
DVD 発売中／ 3980 円（税込）
販売元：
ワーナー・ホーム・ビデオ

P111
日本は敵 JAPAN は友
朴 景浩
（オークラ出版）

P115
日本人に伝えたい！
鄭 夢準
（日経 PB 社）

P119
名もなき挑戦
世界最高峰にたどり着けた理由
パク・チソン自伝
パク・チソン
（小学館集英社プロダクション）

P73
アン・ソンギ——
韓国「国民俳優」の肖像
村山俊夫
（岩波書店）

P77
釜山港へ帰れ——
チョー・ヨンピル自伝
趙容弼
（三修社）

P84
真由美最後の証言
鄭 建燮
（光文社）

P90
サニー　永遠の仲間たち
デラックス・エディション
DVD 発売中／ 3990 円（税込）
発売元：ミッドシップ
販売元：TC エンタテインメント

P93
金大中自伝
金大中
（千早書房）

写真提供

P148
新井英一
「清河への道」
発売中／徳間ジャパン
コミュニケーションズ

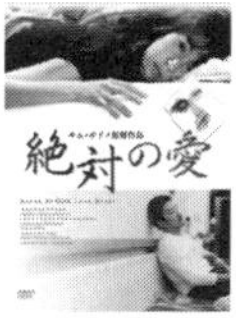

P155
絶対の愛
DVD 発売中／ 3990 円（税込）
発売・販売元：ハピネット

P159
クロッシング
DVD 発売中
販売元：マクザム

P170
平壌 6 月 9 日高等中学校・
軽音楽
発売中／ 1575 円（税込）
発行：集英社インターナショナル

P210
BROWN EYED GIRLS
『SOUND-G』
発売中／ 2700 円（税込）
品番：SICP-2782

P124
日韓サッカーの
すべてがわかる本！
康 熙奉
（スリーエーネットワーク）

P126
パッチギ！　特別価格版
DVD 発売中／ 2079 円（税込）
発売・販売元：㈱ハピネット

P131
パッチギ！LOVE&PEACE
スタンダード・エディション
DVD 発売中／ 3990 円（税込）
発売・販売元：㈱ハピネット

P135
風の外側
DVD 発売中／ 4935 円（税込）
発売：東映ビデオ
販売：東映

P139
カーテンコール
DVD 発売中／ 5040 円（税込）
発売元：バップ

著者プロフィール
1951年、山口県生まれ。山口大学教授・留学生センター長。博士(文学)。
KRY山口放送「お昼はZENKAI ラヂオな時間」でパーソナリティーとしても活躍中。主な著書に、『ビートルズ都市論』(幻冬舎新書)、『ロックンロールからロックへ :その文化変容の軌跡』(近代文藝社)、*The Beatles' Untold Tokyo Story* (Amazon Kindle)などがある。

植民地時代《しょくみんちじだい》から少女時代《しょうじょじだい》へ
~反日《はんにち》と嫌韓《けんかん》を越《こ》えて~

2013年7月3日　第1刷発行

著者/福屋利信《ふくやとしのぶ》

企画・編集/かざひの文庫
発行者/籠宮良治
発行所/太陽出版
東京都文京区本郷4-1-14 〒113-0033
電話03-3814-0471 / FAX03-3814-2366
http://www.taiyoshuppan.net/

印刷・製本/シナノパブリッシングプレス
装丁/緒方徹

ISBN978-4-88469-777-8
C0036
JASRAC　出　1306028-301